¡Qué rico!

Backen auf Spanisch

Sprachtraining und Rezepte

María Montes Vicente

compact

Bisher sind in dieser Reihe erschienen:

- Backen auf Englisch
- Backen auf Französisch
- Backen auf Italienisch
- Backen auf Spanisch

- Kochen auf Deutsch
- Kochen auf Englisch
- Kochen auf Französisch
- Kochen auf Italienisch
- Kochen auf Spanisch

Baierbrunner Straße 27, 81379 München
Ausgabe 2016

Redaktion: Janine Kaitzl
Fachkorrektur: Olga Carrasquedo
Produktion: Ute Hausleiter
Titelabbildung: iStock, mikafotostok
Abbildungen Rückseite: Fotolia, hansgeel (oben); 123RF, nito500 (Mitte);
Shutterstock, HLPhoto (unten)
Umschlaggestaltung: X-Design, München; Hartmut Baier

ISBN 978-3-8174-9981-6
381749981/1

www.compactverlag.de

Vorwort

¡Qué rico! Backen auf Spanisch ist Rezeptsammlung und Sprachtraining in einem: 20 köstliche Leckereien zum Nachbacken sowie zahlreiche Übungen laden Sie dazu ein, mit Spaß und Genuss Ihre Sprachkenntnisse aufzufrischen.

Wenn es ums Backen geht, mögen es die Spanier süß und reichhaltig: Von den kleinen *Piononos* über ein sahniges Stück *Pastel de tres leches* bis hin zum festlichen Gebäck, den *Mantecados*. Zu den süßen Genüssen gesellt sich auch gern etwas Herzhaftes aus dem Ofen, man denke nur an die weltbekannten *Empanadas*. Spanisch bzw. lateinamerikanisch zu backen ist nicht nur einfach, sondern auch ein Erlebnis.

Im Anschluss an jedes Rezept können Sie anhand von abwechslungsreichen Sprachübungen Ihre Sprachkenntnisse mühelos vertiefen. Unbekanntes Vokabular wird direkt auf der Rezeptseite übersetzt und kann so auf einen Blick erfasst werden. Zusätzlich bieten Ihnen Infokästen kreative Zubereitungsvarianten oder Wissenswertes zu Sprache und Landeskunde. Am Ende des Buches finden Sie ein alphabetisches Glossar, in dem Sie alle Vokabeln noch einmal nachschlagen können, sowie die Lösungen zu den Übungen.

Die in den Rezepten angegebenen Backzeiten und -temperaturen sind Richtwerte, die je nach Hitzeleistung des Backofens angepasst werden sollten. Bitte beachten Sie die Gebrauchsanweisung Ihres Herstellers und vergessen Sie nicht, nach angegebener Backzeit eine Garprobe zu machen.

Viel Spaß beim Backen auf Spanisch!

¡Qué rico!

Índice

Dulces españoles

Süßes Gebäck ist ein sehr wichtiger Teil der spanischen Küche. Oftmals stammen die Rezepte noch aus der Zeit der muslimischen und jüdischen Besiedlung der Halbinsel. Sie wurden Jahrhunderte bewahrt, später in Klöstern weiterentwickelt und durch neue Zutaten aus Amerika abgewandelt. Das Ergebnis ist eine Vielfalt an traditionsreichen Gebäckstücken, die den heutigen Geschmacksvorlieben in nichts nachstehen. Holen Sie sich ein Stück süßes Spanien nach Hause!

Tarta de Santiago

Die *Tarta de Santiago* ist ein traditionelles Rezept der galicischen Küche, das besonders entlang des Jakobsweges von Roncesvalles bis Santiago de Compostela verbreitet ist. Ihr Ursprung ist nicht genau bekannt, reicht aber bis ins Mittelalter zurück. Da der Kuchen zu einem großen Teil aus Mandeln besteht, benötigt man kein Mehl.

Preparación: 90 minutos **Tiempo en el horno:** 50 minutos **Para 8 personas**

Ingredientes:

- 250 gr de almendra molida
- 250 gr de azúcar
- media cucharada de canela
- 5 huevos
- 1 limón
- mantequilla
- azúcar glas

1 Encender el horno a 170° para calentarlo.

2 Rallar la piel del limón y echar en un recipiente junto con el azúcar, la canela y la almendra molida. Remover bien.

3 Añadir los huevos y mezclar bien, pero sin batir.

4 Untar con mantequilla el molde en el que se va a hacer la tarta y verter la mezcla. Después meter el molde en el horno durante 50 minutos hasta que se dore la superficie.

5 Sacar la tarta del horno y dejar que se enfríe. Después desmoldar la tarta y espolvorear por encima el azúcar glas con un colador. Para conseguir la imagen característica de la cruz de Santiago, será necesario buscar la imagen en Internet, imprimirla, recortarla y colocarla sobre la tarta antes de añadir el azúcar glas.

6 Retirar el papel con la forma de la cruz de Santiago con cuidado de no estropear el dibujo y servir.

¿SABÍA QUE...

...a pesar de lo popular que es este postre en toda Galicia, apenas existen almendros en esta Comunidad Autónoma? Esto se debe a que antiguamente era una tarta accesible únicamente a la nobleza, que importaba los ingredientes desde el Levante español. Las primeras noticias que se tienen de este dulce datan del siglo XVI y el nombre era muy diferente: "Bizcocho de almedras" o "Torta real".

almendra *f* molida	gemahlene Mandeln	estropear	beschädigen
almendro *m*	Mandelbaum	Levante *m*	Comunidad Valenciana und Murcia
apenas	kaum	molde *m*	Backform
azúcar *m* glas	Puderzucker	nobleza *f*	Adel
bizcocho *m*	Rührkuchen	rallar	reiben
canela *f*	Zimt	recipiente *m*	Gefäß
colador *m*	Sieb	recortar	ausschneiden
datar	stammen	retirar	wegnehmen
desmoldar	aus der Form lösen	untar	bestreichen
dorarse	goldbraun werden	verter	hineingießen
espolvorear	bestäuben		

Ejercicio 1:

Parejas. Ordnen Sie den Küchengeräten ihre jeweils passende Funktion zu!

1. ☐ colador		a) remover
2. ☐ cuchara		b) freír
3. ☐ cuchillo		c) pesar
4. ☐ peso		d) rallar
5. ☐ rallador		e) colar
6. ☐ sartén		f) cortar
7. ☐ tijeras		g) verter
8. ☐ recipiente		h) recortar

¿Sabía que...

...los expertos pasteleros diferencian entre "tarta", "torta" o "pastel" según la masa o los ingredientes? Lo cierto es que las tres palabras se utilizan como sinónimos o según el lugar en el que se hable. Así, "torta" es más común en países como Argentina, Bolivia o Chile y otros países de Latinoamérica, mientras que en España se prefiere hablar de "tartas" o "pasteles".

Ejercicio 2:

Definiciones. Zu welcher Beschreibung passen die folgenden Begriffe?

mantequilla   cruz de Santiago   azúcar glas   canela

1. Se espolvorea por encima de la tarta después de sacarla del horno: ....
2. Especia que se mezcla con las almendras y el azúcar para hacer la mezcla: ....
3. Se unta en el molde para que no se pegue la masa: ....
4. La figura que se coloca encima de la tarta para decorar: ....

Ejercicio 3:

Pronombres. Ersetzen Sie die hervorgehobenen Satzteile durch Pronomen!

Beispiel: Comprar unas patatas. *Comprarlas.*

1. Encender el horno para calentar.

   ....

2. Rallar la piel del limón y echar el azúcar, la canela y la almendra molida en un recipiente.

   ....

3. Añadir los huevos y mezclar bien.

   ....

4. Untar el molde y verter la mezcla.

   ....

5. Sacar la tarta del horno y poner el papel para hacer la forma de la cruz.

   ....

Ejercicio 4:

Comprensión. Welche Aussagen sind richtig, welche falsch? Kreuzen Sie an!

	verdadero	falso
1. La tarta de Santiago es de almendras porque en Galicia hay muchas.	❑	❑
2. El origen de este postre se remonta a la Edad Media.	❑	❑
3. Antiguamente era un dulce consumido especialmente por las clases bajas.	❑	❑
4. La tarta se puede encontrar únicamente en Santiago de Compostela.	❑	❑

Yemas de Santa Teresa

Die *Yemas de Santa Teresa* sind wohl die beliebteste Nachspeise in Ávila (Castilla y León) und nach der berühmtesten Frau der Stadt benannt, Santa Teresa de Jesús, einer Schriftstellerin aus dem 16. Jahrhundert und Gründerin der katholischen Ordensgemeinschaft *Carmelitas Descalzas*. Die kräftige goldgelbe Farbe macht die *Yemas* zu einer Besonderheit auf jedem Kaffeetisch. Darüber hinaus sorgt der zartschmelzende Kern im knusprigen Zuckermantel für ein unvergessliches Geschmackserlebnis.

Preparación: 50 minutos **Cocción:** 15 minutos **Para 20 unidades**

Ingredientes:

- 12 yemas de huevo
- 200 gr de azúcar
- 100 ml de agua
- zumo de un limón
- 200 gr de azúcar glas

1 Ponemos el agua, el zumo de limón y el azúcar en un cazo y se calienta a fuego medio para reducir el agua. Lo dejaremos hervir hasta conseguir un almíbar denso y espeso, debe quedar a punto de hebra; es decir, que al levantar la cuchara caiga un hilo fino de almíbar.

2 Después batiremos las yemas de los huevos en un bol, sin las claras. No se deben batir demasiado.

3 Una vez que el almíbar esté hecho y las yemas batidas, lo verteremos todo en el cazo y cuajaremos la mezcla a fuego muy lento hasta conseguir una masa espesa.

4 Para finalizar, dejaremos enfriar la mezlca y con ayuda del azúcar glas haremos pequeñas bolitas individuales. Cada una de ellas la colocaremos en una cápsula de papel para una mejor presentación.

¿SABÍA QUE...

...el origen de este dulce es desconocido? Algunas teorías dicen que se remonta a la época andalusí, mientras que otras consideran que su elaboración la comenzaron las religiosas antes de la reforma de las Carmelitas. Una tercera creencia sitúa el comienzo de esta receta en el siglo XIX, elaborada directamente por artesanos pasteleros.

almíbar *m*	Sirup	creencia *f*	Glaube
azúcar *m* glas	Puderzucker	cuajar	*hier*: eindicken
bol *m*	Rührschüssel	denso	dick, zähflüssig
cápsula *f*	*hier*: Förmchen	espeso	dickflüssig
cazo *m*	Stieltopf	hilo *m*	Faden
clara *f* de huevo	Eiweiß	yema *f*	Eigelb
considerar	erwägen		

Ejercicio 1:

Sopa de letras. Finden Sie sieben Zutaten und Küchengeräte, die man für die *Yemas de Santa Teresa* benötigt!

E	R	C	U	C	H	A	R	A	P	U
A	S	D	A	Z	U	C	A	R	I	Z
Z	B	N	O	E	E	J	I	P	L	A
H	M	B	R	L	V	Ñ	X	Z	E	B
C	I	C	A	Z	O	D	G	O	R	I
F	J	T	L	E	S	I	T	U	N	G
Q	Y	E	M	A	S	D	S	R	A	O
N	I	P	I	L	Y	T	F	G	I	X
A	H	M	B	O	L	T	E	N	Q	E
V	G	E	A	S	I	K	H	E	U	J
B	Y	S	R	J	Q	Z	O	P	C	T

Ejercicio 2:

Comprensión. Bringen Sie das Rezept in die richtige Reihenfolge!

a) Poner el agua y el azúcar en un cazo.

b) Añadir azúcar glas a la mezcla.

c) Batir las yemas.

d) Dejar enfriar.

e) Calentar a fuego medio para conseguir un almíbar denso y espeso.

f) Servir en cápsulas de papel.

g) Calentar a fuego lento para espesar la masa.

1	2	3	4	5	6	7

Ejercicio 3:

Imperativo. Schreiben Sie das Rezept und verwenden Sie den Imperativ der zweiten Person Singular!

1. Ponemos el agua y el azúcar en un cazo y lo dejamos hervir hasta conseguir un almíbar denso y espeso.

   ....

   ....

2. Después batimos las yemas de los huevos en un bol.

   ....

3. Más adelante, lo verteremos todo en un cazo.

   ....

4. Para finalizar, dejaremos enfriar la mezlca y haremos pequeñas bolitas individuales con ayuda del azúcar glas.

   ....

   ....

5. Colocaremos cada una de ellas en una cápsula de papel.

   ....

Ejercicio 4:

Antónimos. Ergänzen Sie die Gegenteile!

1. enfriar ....
2. duro ....
3. dulce ....
4. mezclar ....
5. hervir ....
6. espeso ....

Paparajotes

Paparajotes sind ein sehr aromatischer Nachtisch aus Murcia, der nach alter Tradition in Bauernhäusern hergestellt wurde. Noch heute ist er eine beliebte Köstlichkeit zu Ostern und den anschließenden Festtagen, den *Fiestas de Primavera*.

Preparación: 30 minutos **Cocción:** 5 minutos **Para 12 unidades**

Ingredientes:

- 1 vaso de leche
- 1 huevo
- 1 vaso de harina
- ½ sobre de levadura
- ralladura de un limón
- 12 hojas de limonero
- aceite de oliva
- 1 vaso de azúcar
- 2 cucharadas de canela

¿SABÍA QUE...

...la hoja de limonero se utiliza sólo para dar sabor al paparajote? No se come porque, además de ácida, es indigesta. Sin embargo, su aroma especialmente fuerte impregna todo el dulce. Murcia es una región conocida por su huerta y, en especial, por sus limoneros.

1 Se lavan y se secan bien las hojas de limonero. Es preferible que las hojas tengan un poquito de rabo y que sean todas de un tamaño parecido.

2 Se echan en un cuenco la leche, el huevo, la harina, la levadura y la ralladura de limón y se bate todo hasta conseguir una mezcla sin grumos. Se puede controlar la textura de la masa añadiendo harina para espesar o leche para que sea más líquida. Lo ideal es que quede como una papilla ligera.

3 Se echa bastante aceite de oliva en una sartén y se calienta bien para freír. Mientras se calienta el aceite, se mezcla el azúcar con un poco de canela. Se utilizará para rebozar los paparajotes después de freírlos.

4 Cuando el aceite está caliente, se baña cada hoja de limonero en la mezcla que hemos hecho anteriormente y se coloca en la sartén para freír. El paparajote se debe freír por ambos lados.

5 Al sacarlos de la sartén, se colocan sobre una hoja de papel de cocina para que no queden muy aceitosos y se dejan enfriar.

6 Por último, se reboza cada uno de los paparajotes en la mezcla de azúcar y canela y se sirven para comer. Se pueden comer templados o fríos, pero están más ricos recién hechos porque la masa está crujiente.

aceitoso	ölig	indigesto	unverdaulich
ácido	sauer	levadura *f*	Backpulver
añadir	hinzufügen	papel *m* de cocina	Küchenpapier
batir	schlagen	papilla *f*	Brei
canela *f*	Zimt	rabo *m*	Stängel
crujiente	knusprig	ralladura *f* de limón	Zitronenabrieb
cuenco *m*	Schüssel	rebozar	wälzen
grumo *m*	Klümpchen	secar	trocknen
hoja *f* de limonero	Zitronenblatt	sobre *m*	Päckchen
huerta *f*	*hier*: Obstgarten	templado	lauwarm
impregnar	*hier*: durchziehen	textura *f*	Konsistenz

Ejercicio 1:

Comprensión. Welche Aussagen sind richtig, welche falsch? Kreuzen Sie an!

	verdadero	falso
1. Los paparajotes se hacen con hojas de naranjo.	❑	❑
2. Son típicos de Murcia y se consumen especialmente en Semana Santa y las Fiestas de Primavera.	❑	❑
3. Antes de bañar las hojas en la mezcla, se deben lavar y secar.	❑	❑
4. Los paparajotes se fríen en una sartén con mantequilla.	❑	❑
5. Se pueden guardar para comerlos varios días después.	❑	❑

Ejercicio 2:

La palabra escondida. Ergänzen Sie die Wörter zum Thema „Zitronen" und finden Sie das Lösungswort!

1. Olor _ r _ _ □
2. El amarillo es su ... □ _ _ _ _
3. Árbol que da limones: _ □ _ _ n _ _ _
4. Lo que obtenemos al rallar la corteza: _ _ _ _ a □ _ _ _
5. Después de exprimir, lo podemos beber: _ _ _ □
6. Son verdes y no se comen: h _ _ _ □

Lösung: □ □ □ □ □ □

Ejercicio 3:

Frutas. Benennen Sie die Frucht jedes Obstgewächses!

1. el manzano ....
2. el peral ....
3. el cerezo ....
4. la parra ....
5. el ciruelo ....
6. la higuera ....
7. el naranjo ....

¿SABÍA QUE...

...este postre típico murciano también es muy conocido en Galicia pero con otro nombre? Allí se llama "follas de limón", que en gallego significa literalmente "hojas de limón", y se come tradicionalmente en Carnaval. En Jaén existe también un postre de nombre muy parecido, pero muy distinto a los paparajotes murcianos. Los papajotes jienenses son unos buñuelos hechos con masa de harina frita y rebozados en azúcar.

Ejercicio 4:

Sabores. Wie schmecken die folgenden Lebensmittel?

1. sal	lasaod	....
2. limón	dáico	....
3. miel	eculd	....
4. pomelo	garmoa	....
5. chile	tainpce	....

Brazo de gitano

Dieser Kuchen mit dem eigenartigen Namen „Zigeunerarm“ ist in Lateinamerika beliebt, nicht zuletzt jedoch ein Klassiker der spanischen Küche. Die Biskuitrolle kann mit Schokolade, Marmelade, *dulce de leche* oder einer fruchtigen Creme gefüllt werden. Die wohl typischste Variante mit Sahne soll hier vorgestellt werden.

Preparación: 90 minutos **Tiempo en el horno:** 12 minutos **Para 6 personas**

Ingredientes:

- 4 huevos
- 120 gr de harina
- 120 gr de azúcar
- 1 cucharadita de levadura
- 500 ml de nata para montar
- azúcar glas

¿Sabía que...

...el nombre de brazo de gitano puede ser debido a lo alargado de su forma y al tono oscuro del bizcocho? La decoración del dulce se asemeja también a las joyas que solían llevar estas personas antiguamente.

1 Separe las yemas de las claras. Eche en un bol las yemas y la mitad del azúcar y bátalo con un batidor de varillas.

2 Monte las claras a punto de nieve y cuando estén casi montadas añada el resto del azúcar y siga batiendo. Agregue después las yemas.

3 Mezcle la harina y la levadura e incorpórelas a la masa anterior.

4 Precaliente el horno a 200° durante unos minutos y después vierta y extienda la mezcla en una bandeja de horno con papel vegetal. A continuación, baje la temperatura del horno a 170° e introduzca la bandeja. El bizcocho tardará unos 10 o 12 minutos en estar listo.

5 Retire el bizcocho del horno y déjelo enfriar. Humedezca un trapo de cocina con agua y vuelque el bizcocho encima. Enrolle el bizcocho con el trapo y déjelo reposar. Monte mientras tanto la nata líquida y añada una pizca de azúcar glas en el proceso. Si es necesario, agregue también algo más de azúcar normal.

6 Desenrolle con cuidado el bizcocho y extienda la nata por la superficie. Al terminar, enróllelo de nuevo procurando que no se rompa y formando un cilindro alargado relleno de nata. Por último, espolvoree con azúcar glas toda la superficie y sírvalo.

agregar	hinzufügen
alargado	länglich
asemejarse	ähneln
azúcar *m* glas	Puderzucker
bandeja *f* de horno	Backblech
batidor *m* de varillas	Schneebesen
batir	schlagen
bol *m*	Gefäß
clara *f* a punto de nieve	Eischnee
desenrollar	ausrollen
enrollar	aufrollen
espolvorear	bestäuben
extender *irr*	ausbreiten
humedecer *irr*	befeuchten
incorporar	*hier*: unterheben
joya *f*	Schmuckstück
levadura *f*	Backpulver
montar	(steif) schlagen
nata *f* para montar	Schlagsahne
papel *m* vegetal	Backpapier
pizca *f*	Prise
reposar	ruhen
trapo *m* de cocina	Geschirrtuch
verter *irr*	gießen
volcar *irr*	stürzen

Ejercicio 1:

Preposiciones. Ergänzen Sie die richtigen Präpositionen!

de (2x)   sobre   por   con (2x)   en (2x)   para   a

1. Se puede rellenar el brazo de gitano .... nata, chocolate o crema.
2. 100 ml .... nata líquida .... montar.
3. Extienda la nata .... la superficie.
4. Introduzca la bandeja .... el horno.
5. Vuelque el bizcocho .... el trapo .... cocina.
6. Bata las yemas y la mitad del azúcar .... un batidor de varillas.
7. Monte las claras .... punto de nieve.
8. El bizcocho tardará unos 10 minutos .... estar listo.

Ejercicio 2:

Ser, estar o hay. Vervollständigen Sie die Sätze mit der richtigen Verbform!

1. En esta calle .... muchas pastelerías.
2. La tarta .... riquísima.
3. La cafetería Dulce .... cerca de aquí.
4. Quédate un rato más, ... pronto todavía.
5. En mi barrio no .... ningún buen restaurante.
6. Mi trozo de pastel .... más grande que el tuyo.
7. ¿No encuentras el molde? .... en el cajón, ¿no?
8. La fruta .... muy rica en vitaminas.

Ejercicio 3:

Vocabulario. Enträtseln Sie die Zutaten!

1. Se vende líquida o montada y también sirve para cocinar: ....
2. Especia dulce en rama o en polvo: ....
3. Si es glas se espolvorea: ....
4. Vino de América y puede ser con leche, negro, con almendras... ....
5. Se utiliza para muchos pasteles y siempre que se hace pan: ....
6. Los puedes comer fritos, cocidos o en tortilla: ....

Ejercicio 4:

Comprensión. Welche Aussagen sind richtig, welche falsch? Kreuzen Sie an!

	verdadero	falso
1. El brazo de gitano es un dulce típico sólo en España.	❑	❑
2. Al montar la nata es conveniente agregar un poco de azúcar glas.	❑	❑
3. Se debe precalentar el horno a 200° y dejar el bizcocho 20 minutos dentro.	❑	❑
4. Es más fácil enrollar el bizcocho con la ayuda de un trapo de cocina.	❑	❑
5. Por último, se espolvorea con canela por toda la superficie.	❑	❑
6. El creador de este postre fue un gitano, de ahí el nombre.	❑	❑

Coca boba

Coca boba ist ein sehr beliebter Rührkuchen aus der Comunidad Valenciana, genauer aus Alicante. *Bobo* bzw. *boba* bedeutet soviel wie *tonto*. Seinen Namen verdankt der Kuchen also seiner leichten Zubereitung: Man benötigt lediglich einen Joghurtbecher zum Abmessen aller Zutaten.
Wenn Sie in der Provinz Valencia unterwegs sind, geben Sie acht - mancherorts wird der Kuchen auch *Coca de mida* (nach seiner Maßeinheit), *Coca María* oder *Coca de llanda* (Valencianisch für den Namen der Backform) genannt.

Preparación: 50 minutos **Tiempo en el horno:** 30 minutos **Para 6 personas**

Ingredientes:

- 1 yogur natural (1 yogur = 1 medida)
- 3 huevos
- 1 medida de aceite de oliva
- 2 medidas de azúcar
- 3 medidas de harina
- 2 medidas de leche
- 1 sobre de levadura
- ralladura de un limón
- canela en polvo

1 Precalentar el horno a 250° y prepararar la bandeja para el bizcocho untándola con mantequilla o colocando papel vegetal por encima para evitar que la coca se pegue.

2 Echar en un bol todos los ingredientes y mezclar bien.

3 Una vez que la masa sea homogénea, verter en la bandeja de horno y espolvorear azúcar y canela por arriba.

4 Introducir en el horno durante unos 30 minutos y bajar la temperatura a 180°. Para comprobar si el bizcocho está hecho, se puede pinchar con un palillo. Si al retirarlo, el palillo sale limpio, la coca está lista.

¿Sabía que...

...se puede variar la receta añadiendo a la masa frutos secos, ralladura de naranja, chocolate..? La coca boba es un bizcocho que se puede utilizar de base para otras recetas más elaboradas.

bandeja *f* de horno	Backblech
bol *m*	Rührschüssel
canela *f* en polvo	Zimtpulver
espolvorear	*hier*: streuen
frutos *m pl* secos	Trockenfrüchte
levadura *f*	Backpulver
medida *f*	Maßeinheit
palillo *m*	Zahnstocher
papel *m* vegetal	Backpapier
pegarse	ankleben
pinchar	hineinstechen
ralladura *f* de limón	Zitronenabrieb
ralladura *f* de naranja	Orangenabrieb
sobre *m*	Päckchen
untar	bestreichen

Ejercicio 1:

La oveja negra. Welches Wort ist das „schwarze Schaf“? Unterstreichen Sie!

1. galleta	bizcocho	chocolate	tarta
2. armario	cuchillo	cuchara	plato
3. harina	levadura	pimienta	azúcar
4. limón	alcachofas	manzana	naranja
5. echar	encender	remover	batir
6. fuegos	horno	microondas	batidora
7. loco	estúpido	tonto	bobo

Ejercicio 2:

Palabra escondida. Finden Sie das passende Verb zu den Substantiven und enträtseln Sie das Lösungswort!

1. fuego c □ _ _ _ _ _ _
2. nariz o □ _ _
3. huevos b _ _ □ _
4. palillo p _ _ □ _ _ _
5. cuchillo c _ _ _ □ _
6. horno h _ _ □ _ _ _
7. bol v _ _ □ _ _
8. cuchara r □ _ _ _ _ _

Lösung: □ □ □ □ □ □ □ □

Ejercicio 3:

Gramática. Welcher Satz ist korrekt? Kreuzen Sie an!

1. a) Se echa los ingrendientes en un bol. ☐
   b) Se echan los ingredientes en un bol. ☐
2. a) Poner la olla con agua a hervir. ☐
   b) Echar la olla con agua a hervir. ☐
3. a) Separar las yemas de los huevos. ☐
   b) Separar las yemas de las claras. ☐
4. a) Untar con mantequilla la bandeja. ☐
   b) Calentar con mantequilla la bandeja. ☐

Ejercicio 4:

Sintaxis. Bringen Sie die Wörter in die richtige Reihenfolge!

1. bandeja arriba Verter en horno la canela de y espolvorear y por azúcar

   ....

   ....

2. bizcocho con evitar bandeja que untar la se pegue mantequilla Para el

   ....

   ....

3. hecha Para un comprobar con si está la palillo coca se pinchar puede

   ....

   ....

Ensaimada

Die *Ensaimada* gehört zu den typischsten Spezialitäten aus Mallorca. Man isst sie am liebsten frisch gebacken zum Frückstück oder am Nachmittag zu einem Kaffee oder einer heißen Schokolade. Viele Urlauber bringen sie sogar mit nach Hause - ein köstliches Souvenir!

Preparación: 90 minutos **Tiempo en el horno:** 15 minutos
Reposo de la masa: 14 horas **Para 18 piezas**

Ingredientes:

- 750 gr de harina
- 4 huevos
- 180 gr de azúcar
- 200 gr de manteca de cerdo (200 gr de margarina vegetal para la variante vegetariana)
- 40 gr de levadura fresca
- 300 ml de leche
- azúcar glas

1 Primero preparamos una masa mezclando en un bol la mitad de la harina con la levadura diluida en la leche. Se debe amasar hasta conseguir una masa homogénea.

2 Después, taparemos el recipiente con un papel transparente y dejaremos que la levadura haga efecto hasta que la masa doble su tamaño. Aproximadamente una hora.

3 Cuando la masa esté lista, añadimos los huevos uno a uno y, a continuación, el azúcar, una cucharada de manteca de cerdo y la harina restante. Amasamos la masa durante cinco minutos y la dejamos reposar una media hora.

4 A continuación, partimos la masa según el número de ensaimadas que queramos hacer y estiramos cada uno de los trozos hasta conseguir una masa muy fina.

5 Untamos cada uno de ellos con manteca y lo enrollamos a lo largo para formar un cilindro. Ahora damos forma de caracol a cada ensaimada y las colocamos en una bandeja de horno. Se deberán dejar reposar al menos durante 12 horas.

6 Pasado el tiempo de reposo, introducimos la bandeja en el horno a 180º durante 15 minutos. Al sacarlas, las dejamos enfriar durante unos minutos. Si preparamos la masa el día anterior y la levadura hace efecto por la noche, podremos tener ensaimadas recién hechas para desayunar. ¡Delicioso!

a lo largo	der Länge nach	estirar	ausrollen
amasar	kneten	hacer *irr* efecto	wirken
azúcar *m* glas	Puderzucker	levadura *f* fresca	Frischhefe
bandeja *f* de horno	Backblech	manteca *f* de cerdo	Schweineschmalz
bol *m*	Gefäß	masa *f*	Teig
caracol *m*	Schnecke	recién	*hier*: frisch
cilindro *m*	Rolle	reposar	ruhen
diluido	aufgelöst	restante	restlich
enrollar	einrollen	untar	bestreichen

Ejercicio 1:

Subjuntivo. Ergänzen Sie die Verbformen im Subjuntivo!

1. Cuando vamos .... a Mallorca compraremos ensaimadas.
2. Ojalá estar .... abierta la pastelería, me apetece mucho un dulce.
3. Es necesario dejar reposar la masa hasta que ésta doblar .... su tamaño.
4. Mamá quiere que comprar - tú .... una docena de huevos.
5. No hacer - tú .... más pasteles, ¡he engordado 3 kilos!

Ejercicio 2:

Errores. Finden Sie die Fehler und korrigieren Sie die Sätze!

1. Calentamos el horno con 180º.

   ....

2. Espolvoreamos las ensaimadas con azúcar moreno.

   ....

3. Dejamos que la harina haga efecto durante 12 horas.

   ....

4. Echamos los huevos uno de uno en la masa.

   ....

¿SABÍA QUE...

...el origen de este dulce podría ser tanto árabe como judío? Algunas teorías dicen que se remonta a la ocupación árabe, ya que "saïm" no sólo significa grasa animal en catalán, sino también en árabe. Otras, en cambio, consideran que los creadores fueron los judíos, pues un dulce tradicional suyo, bulema, es muy parecido a la ensaimada.

Ejercicio 3:

Comprensión. Beantworten Sie die Fragen!

1. ¿Cuánto tiempo debe reposar la masa antes de meterla al horno?

   ....

2. ¿Cómo se hace la forma de las ensaimadas?

   ....

3. ¿A qué temperatura debe estar el horno?

   ....

4. ¿Cuándo se suelen comer las ensaimadas?

   ....

Ejercicio 4:

Caracol de palabras. Füllen Sie die Wortspirale mit den gesuchten Begriffen!

1	2	3	4	5	6
20	21	22	23	24	7
19	32	33	34	25	8
18	31	36	35	26	9
17	30	29	28	27	10
16	15	14	13	12	11

1-6: Los ponen las gallinas.

6-9: Ingrediente básico en árabe o catalán.

9-15: Ingrediente básico en español.

15-20: Es blanco o moreno y se puede servir en terrones.

20-25: Sinónimo de descanso.

25-30: El ... de las ensaimadas puede ser árabe o judío.

30-36: Adjetivo relativo a la naturaleza.

Piononos

Die *Piononos* sind ein sehr süßer Nachtisch, der traditionell in Santa Fe, nahe Granada, hergestellt wird. Die kleinen Gebäckstücke sind seit dem 19. Jh. bekannt und zu Ehren des Papstes Pius IX benannt, auf Italienisch *Pio Nono*.

Preparación: 70 minutos **Tiempo en el horno:** 30 minutos **Para 6 personas**

Ingredientes:

Para el bizcocho:
- 2 huevos
- 2 cucharadas de azúcar
- 1 cucharada de harina
- 1 cucharada de maicena
- 2 cucharadas de leche
- sal
- mantequilla

Para la crema:
- 4 yemas
- 150 gr de azúcar
- 150 ml de agua
- 1 rama de canela

1 Pondremos el agua y el azúcar en un cazo a fuego medio hasta conseguir el almíbar a punto de hebra. Añadimos también la rama de canela para aromatizar el almíbar.

2 Separamos las yemas y las batimos. Añadiremos después el almíbar poco a poco y sin dejar de remover. Lo dejaremos a fuego lento hasta que la masa espese.

3 Para el bizcocho, primero, deberemos forrar una bandeja de horno con papel vegetal y calentar el horno a 180°. A continuación, montamos las claras de huevo a punto de nieve con un poco de sal, y al terminar, añadiremos el azúcar sin dejar de batir para conseguir un merengue firme. Por otro lado, ponemos en un bol la harina, la maicena y las yemas y lo removemos todo. Añadimos también la leche para que no queden grumos.

4 Al terminar, mezclamos la crema del bizcocho con el merengue hasta conseguir una masa uniforme. Ésta la extendemos en la bandeja de horno para calentar durante unos 8 minutos hasta que se dore. Deberá ser una capa muy fina, de unos 4 o 5 mm.

5 Al sacar la bandeja del horno, la dejaremos enfriar unos minutos. Después extenderemos el almíbar por encima con un pincel y, a continuación, una fina capa de crema de yema. Cortamos tiras de unos 4 cm y las enrollamos. Sobre cada pastel ponemos una cucharadita de crema de yema y lo quemamos por encima con una plancha caliente.

almíbar *m*	Sirup
batir	schlagen
bizcocho *m*	Rührkuchen
bol *m*	Rührschüssel
capa *f*	Schicht
cazo *m*	Stieltopf
clara *f* a punto de nieve	Eischnee
clara *f* de huevo	Eiweiß
dorarse	goldbraun werden
enfriar	abkühlen
enrollar	einrollen
espesar	eindicken
extender	ausbreiten
forrar	auslegen
grumo *m*	Klümpchen
hebra *f*	Faden
maicena *f*	Maismehl
merengue *m*	Meringe
montar	steif schlagen
papel *m* vegetal	Backpapier
pincel *m*	Pinsel
plancha *f*	Blech
rama *f* de canela	Zimtstange
remover *irr*	umrühren
tira *f*	Streifen
yema *f*	Eigelb

Ejercicio 1:

Parejas. Was gehört dem Rezept gemäß zusammen? Ordnen Sie zu!

1. ☐ almíbar	a) punto de nieve
2. ☐ bandeja de horno	b) plancha
3. ☐ tiras de bizcocho	c) punto de hebra
4. ☐ quemar la crema de yema	d) Papa Pío IX
5. ☐ merengue	e) papel vegetal
6. ☐ nombre del dulce	f) enrollar

Ejercicio 2:

Futuro. Bilden Sie die Verbformen in der 1. Person Plural Futur!

1. poner ....
2. echar ....
3. batir ....
4. remover ....
5. calentar ....
6. cortar ....
7. enrollar ....
8. montar ....

¿SABÍA QUE...

...los piononos también son muy populares en América Latina? En países como Uruguay, Colombia, Chile o Perú el aspecto de este postre es más parecido al de un "brazo de gitano" y puede ser dulce o salado. En Argentina se prepara especialmente los días de Navidad y Año Nuevo.

Ejercicio 3:

Crucigrama. Lösen Sie das Kreuzworträtsel!

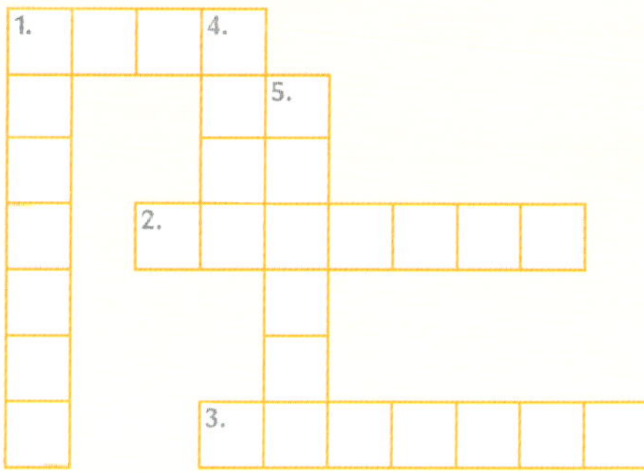

Horizontales:

1. Una olla con mango.
2. Puede ser de horno o para llevar copas.
3. También las hay para alisar la ropa o el pelo.

Verticales:

1. Con ella removemos salsas y comemos sopa.
4. Sirve para cocinar y no tiene mango.
5. Se utiliza para pintar.

Ejercicio 4:

Preposiciones. Ergänzen Sie die fehlenden Präpositionen!

en (2x)   para   de (2x)   con   a

1. Para el almíbar ponemos el agua y el azúcar .... un cazo a fuego medio hasta conseguir el almíbar a punto de hebra.
2. Después mezclamos las yemas con el almíbar y lo calentamos .... fuego lento.
3. Para el bizcocho, forramos una bandeja .... horno .... papel vegetal.
4. Al terminar, extendemos la crema del bizcocho .... la bandeja y la calentamos unos minutos hasta que se dore.
5. Se cortan tiras .... bizcocho .... enrollar.

Churros

Für Liebhaber des süßen Frühstücks sind *Churros* genau das Richtige! Sie passen jedoch auch hervorragend zu einer Tasse Kaffee oder einer heißen Schokolade am Nachmittag. *Churros con chocolate* essen die Spanier typischerweise Neujahr gemütlich in einem Café, noch bevor sie nach der langen Silvesternacht nach Hause gehen.

Preparación: 10 minutos **Cocción:** 15 minutos **Para 4 personas**

Ingredientes:

Para la masa de los churros:

- 500 ml de agua
- 1 cucharada sopera de aceite de oliva
- 1 cucharada sopera de leche
- una pizca de sal
- 250 gr de harina
- abundante aceite para freír (de oliva o de girasol)
- azúcar glas

Para el chocolate a la taza (opcional):

- 400 gr de chocolate amargo
- 1 l de leche

1 Caliente en un cazo el agua, una cucharada sopera de aceite, la leche y la sal.

2 Cuando la mezcla empiece a hervir añada la harina. Retire, a su vez, el cazo del fuego y muévalo con fuerza hasta que la masa se despegue de las paredes. Deje que la masa se enfríe e introdúzcala en la manga pastelera.

3 A continuación, ponga a calentar el aceite en una olla grande. Con la manga pastelera y la boquilla de estrella debe ir formando churros y cortándolos con un cuchillo. Puede preparar las piezas de diferentes tamaños, según lo prefiera. Para darles la forma de lazo, una las dos puntas de cada tira de masa y presione para que se peguen. Una vez listo, fría los churros en aceite muy caliente en pequeños grupos. Intente que las piezas no se rocen en la sartén.

4 Cuando los churros estén dorados, sáquelos de la sartén y póngalos en un plato cubierto con papel de cocina para enfriar. Puede servirlos con azúcar o con chocolate caliente.

5 Los churros se suelen servir normalmente con chocolate líquido. Para elaborarlo, ponga a hervir leche en un cazo y añada chocolate troceado. Remueva el líquido continuamente hasta que empiece a hervir, y retírelo del fuego. Cuando deje de burbujear, colóquelo de nuevo en el fuego para que vuelva a hervir. Repita este proceso hasta que el chocolate esté completamente disuelto.

abundante	reichlich	lazo *m*	Schlaufe
amargo	bitter	manga *f* pastelera	Spritzbeutel
azúcar *m* glas	Puderzucker	masa *f*	Teig
boquilla *f* de estrella	Sterntülle	mezcla *f*	Mischung
burbujear	sprudeln	mover *irr*	rühren
cazo *m*	Stieltopf	olla *f*	Topf
cucharada *f* sopera	Esslöffel	papel *m* de cocina	Küchentuch
despegar	ablösen	pizca *f*	Prise
disuelto	aufgelöst	remover *irr*	umrühren
dorado	*hier*: goldbraun	retirar del fuego	vom Herd nehmen
enfriar	abkühlen	rozar	streifen, berühren
girasol *m*	Sonnenblume	sartén *f*	Pfanne
hervir *irr*	kochen	trocear	zerstückeln

Ejercicio 1:

¿Indefinido o imperfecto? Ergänzen Sie die richtige Verbform!

1. Cuando ser - yo .... pequeño, mi madre hacer .... churros casi todos los domingos.
2. Ayer quedar - yo .... con Juan para desayunar, pero no aparecer - él ....
3. Antes comer - nosotros .... churros todas las nocheviejas, pero ya no salimos nunca.
4. Tú pagar .... la última vez, hoy me toca a mí.

Ejercicio 2:

Cruzigrama. Übersetzen Sie die Küchengeräte und finden Sie das Lösungswort!

Lösung: □ □ □ □ □ □

¿SABÍA QUE...

existe otra variedad de churros que se llaman "porras"? En Andalucía, además, se encuentran únicamente "porras", aunque allí se llaman "churros". Las porras se fríen formando una gran rueda gruesa y en forma de espiral que se corta después de freírla.

Dulces latinoamericanos

Mit der Entdeckung und Kolonisation Amerikas wurde eine Brücke zwischen zwei Kontinenten geschlagen, die einen weitreichenden kulturellen Austausch zur Folge haben sollte. Lateinamerika und Spanien verbindet seither nicht nur die Sprache, sondern auch das Essen. Typische lateinamerikanische Zutaten wie Süßkartoffeln oder Maniok tragen bis heute dazu bei, dass immer neue Rezepte kreiert und bestehende verändert werden. Die Süße kommt dabei definitiv nicht zu kurz – probieren Sie selbst!

Alfajores de dulce de leche y coco

Die *Alfajores* sind typisch argentinische Gebäckstücke, von denen es in Lateinamerika eine Vielzahl an Varianten gibt. Sie sind ein Erbe der Kolonialzeit und erinnern an Doppelkekse. In Spanien kennt man sie nach wie vor als weihnachtliches Gebäck mit Mandeln oder Haselnüssen als Hauptzutaten.

Preparación: 30 minutos **Tiempo en el horno:** 5 minutos
Reposo de la masa: 1 hora **Para 25 unidades**

Ingredientes:

- 150 gr de mantequilla
- 150 gr de **azúcar glas**
- 3 **yemas**
- **ralladura de un limón**
- extracto de vainilla
- 500 gr de **maicena**
- 1 cucharadita de **levadura**
- **dulce de leche** o mermelada
- **coco rallado**

¿SABÍA QUE...

...el dulce de leche es muy popular en Latinoamérica? Se utiliza como relleno o acompañamiento de muchos postres como las tortitas, los alfajores, los helados, los pasteles, las magdalenas...

1 Batir en un recipiente la mantequilla y el azúcar glas. Después añadir las yemas a la mezcla una a una. Añadir el extracto de vainilla y la ralladura de limón.

2 Por otro lado, **tamizar** la maicena con la levadura y agregar también a la mezcla. Mezclar bien hasta conseguir una masa lisa. A continuación, dejar enfriar en la nevera una hora aproximadamente.

3 Una vez que la masa esté fría, **estirar** con un **rodillo** hasta dejarla con un espesor de unos 5 mm y **cortar** pequeñas tapas redondas de entre 2 y 3 cm.

4 Precalentar el horno a unos 180° y preparar la **bandeja** con papel de horno.

5 Colocar las tapas en la bandeja e introducirla en el horno unos 4 o 5 minutos. Es importante controlar que la masa quede clara, pero que no **se queme**.

6 Después de dejar enfriar las tapas, el último paso es **montar** los alfajores. Para ello, colocar un par de cucharaditas de dulce de leche sobre una de las tapas y **cubrir** con otra por encima. Al final pasarlas por coco rallado para que **se pegue** al dulce de leche.

azúcar *m* **glas**	Puderzucker
bandeja *f* **de horno**	Backblech
coco *m* **rallado**	Kokosraspeln
cortar	*hier*: ausstechen
cubrir *irr*	bedecken
dulce *m* **de leche**	Brotaufstrich aus Milchcreme
estirar	ausrollen
levadura *f*	Backpulver
maicena *f*	Maismehl
montar	zusammenfügen
pegarse	kleben, haften bleiben
quemarse	anbrennen
ralladura *f* **de limón**	Zitronenabrieb
relleno *m*	Füllung
rodillo *m*	Nudelholz
tamizar	durchsieben
yema *f*	Eigelb

Ejercicio 1:

Parejas. Finden Sie die passende Übersetzung für die Zutaten!

1. □ almendras	a) Kokosraspeln
2. □ avellanas	b) Honig
3. □ nueces	c) Mandeln
4. □ miel	d) Maismehl
5. □ mermelada	e) Nüsse
6. □ ralladura de coco	f) Schokolade
7. □ chocolate	g) Haselnüsse
8. □ maicena	h) Marmelade

Ejercicio 2:

Juego de palabras. Finden Sie in der Buchstabenkette fünf Verben zum Thema „Verarbeitung von Teig"!

tenporicortaretintramasarozifu

localentarusejaquiñestirared

opizarirprepararujillonar

1. ....

2. ....

3. ....

4. ....

5. ....

¿Sabía que...

*...el nombre de alfajor viene del árabe "al-hasú", que significa "el **relleno**"? En su origen, este dulce estaba compuesto principalmente de avellanas o almendras, nada que ver con las variantes latinoamericanas con mermeladas, dulce de leche o chocolate. En España se sigue consumiendo y su receta se ha mantenido más próxima a la original árabe.*

Ejercicio 3:

Indefinido. Füllen Sie die Lücken mit den Verben im Indefinido!

1. Los alfajores llegar .... a Latinoamérica en la época colonial.
2. Los colonos españoles los llevar .... a sus colonias en América porque eran muy populares en España.
3. Los árabes ser .... los creadores de este dulce.
4. Los alfajores adquirir .... mucha popularidad en Latinoamérica y se extender .... por varios países.
5. En España se seguir .... consumiendo su versión árabe, mientras que en Latinoamérica la receta pasar .... a ser más dulce.

Ejercicio 4:

El Plural. Schreiben Sie die Pluralformen der folgenden Wörter!

1. el alfajor ....
2. el coco ....
3. la almendra ....
4. el limón ....
5. la nuez ....
6. el rodillo ....
7. el origen ....
8. la tradición ....

Pastelitos criollos

Die *Pastelitos criollos* werden in Argentinien traditionell am 25. Mai gegessen, in Gedenken an den 25. Mai 1810, den argentinischen Unabhängigkeitstag. Die kreolischen Gebäckstücke sind entweder mit Quittenbrot (*dulce de membrillo*) oder einem stichfesten Süßkartoffelgelee (*dulce de batata*) gefüllt.

Preparación: 90 minutos **Cocción:** 5 minutos **Reposo de la masa:** 50 minutos
Para 20 unidades

Ingredientes:

- 500 gr de harina
- 300 gr de mantequilla
- sal
- 500 gr de **dulce de membrillo**
- aceite
- 400 gr de azúcar

1 Mezcle la harina y un poco de sal y forme una **corona** redonda. Abra un **agujero** en el centro y añada 150 gr de mantequilla. Al tiempo que mezcla la harina y la mantequilla, **agregue** agua poco a poco hasta conseguir una **masa** lisa. Deje reposar la mezcla unos 20 minutos.

2 **Estire** la masa con un **rodillo** hasta que tenga un **grosor** de 1 cm. **Unte** por encima 50 gr de mantequilla **derretida**, **espolvoree** un poco de harina por encima y **doble** la masa **en** tres **pliegues**. Estire de nuevo la masa y repita la operación dos veces. Déjela reposar 30 minutos en el frigorífico.

3 Estire la masa hasta conseguir un grosor de cerca de 3 mm y córtela en cuadrados de 8 cm. En el centro de cada cuadrado coloque un **cubito** de dulce de membrillo y pinte con agua la masa de alrededor.

4 **Tape** el dulce con otro cuadrado colocando las **esquinas superpuestas** y formando una **estrella**. Presione después la masa por debajo para cerrar el pastelito levantando las **puntas** hacia arriba.

5 Una vez **armados**, fría en una sartén con **abundante** aceite y déjelos que **se doren**. Como último paso, haga un **almíbar** con el azúcar y 200 ml de agua calentando la mezcla en un **cazo** hasta que **espese** y bañe después los pastelitos en él.

¿Sabía que...

...la palabra "criollo" empezó a utilizarse durante la colonización en América? Hacía referencia a los nacidos en el continente americano, pero ***descendientes*** *de europeos, usualmente españoles. En el caso de Argentina, y ya a partir del siglo XIX, también italianos.*

abundante	reichlich
agregar	hinzufügen
agujero *m*	Loch
almíbar *m*	Sirup
armar	zusammenfügen
cazo *m*	Stieltopf
corona *f*	Krone
cubo *m*	Würfel
derretido	geschmolzen
descendiente *m/f*	Nachkomme
doblar en pliegues	falten, umklappen
dorarse	goldbraun backen
dulce *m* **de membrillo**	Quittenbrot
espesar	eindicken
espolvorear	*hier:* streuen
esquina *f*	Ecke
estirar	ausrollen
estrella *f*	Stern
grosor *m*	Dicke
masa *f*	Teig
punta *f*	Spitze
rodillo *m*	Nudelholz
superpuesto	übereinanderliegend
tapar	bedecken
untar	bestreichen

Ejercicio 1:

Comprensión. Welche Antwort ist richtig? Kreuzen Sie an!

1. ¿Qué significa "criollo"?

a) Hijo de europeos ❑

b) Hijo de españoles ❑

2. ¿Qué se celebra el 25 de mayo en Argentina?

a) El carnaval ❑

b) La independencia ❑

3. ¿De qué están rellenos los pastelitos criollos?

a) De membrillo o dulce de leche ❑

b) De membrillo o batata ❑

4. Los pastelitos se bañan en...

a) almíbar. ❑

b) azúcar. ❑

Ejercicio 2:

Sintaxis. Bringen Sie die Wörter in die richtige Reihenfolge!

1. harina la y mantequilla sal mezcla un Se poco con de

....

2. la Se veces masa y estira se tres pliega

....

3. deja minutos la Se 30 mezcla en frigorífico reposar el

....

4. tapa dulce cuadrado superpuestas con masa el otro de con esquinas las Se

....

Ejercicio 3:

Cruzigrama. Beschriften Sie die Früchte und finden Sie das Lösungswort!

1. _ _ _ _ _ □ _ _ _ 

2.  _ _ □ _ _

3. _ _ _ □ _ _ _ _ _ 

4.  _ _ □ _ _ _ _ _ _ _ _

5. _ _ □ _ _ _ 

6.  _ □ _ _

7. _ _ _ _ _ □ _ 

8.  _ _ □ _ _ _ _ _ _

9. _ _ _ □ 

Lösung: □ □ □ □ □ □ □ □ □

Ejercicio 4:

Postres. Argentinien und seine süßen Versuchungen ...
Ordnen Sie den Beschreibungen den richtigen Nachtisch zu!

1. □ Galleta rellena de dulce de leche.
2. □ Muy típicos con el desayuno.
   En Francia se llaman "croissants".
3. □ Tortitas de harina, leche y huevo
   rellenas de dulce de leche.
4. □ Hojaldre relleno de dulce de leche o batata.

a) Panqueque
b) Pastelitos criollos
c) Medias lunas
d) Alfajor

Buñuelos de yuca cubanos

Die klassischen *Buñuelos de yuca* kommen aus Kuba, sind aber auch in weiten Teilen Lateinamerikas beliebt. Ihre Grundzutat ist die Maniokwurzel, die in der Karibik *yuca* genannt wird, auf dem südamerikanischen Festland eher als *mandioca* oder *cassava* bekannt ist. Ob elegant zu einer Acht geformt oder einfach zu einem Bällchen gerollt – das süße Fettgebäck ist unverzichtbar an Weihnachts- und anderen Feiertagen.

Preparación: 50 minutos **Cocción:** 40 minutos **Para 5 personas**

Ingredientes:

- 200 gr de **yuca**
- 1 huevo
- 100 gr de harina
- aceite de oliva
- 200 gr de azúcar
- 100 ml de agua
- sal
- 1 cucharadita de **canela**

¿Sabía que...

...la yuca es originaria de regiones con clima tropical, como Centroamérica y Sudamérica, y muy popular en la gastronomía latinoamericana? Las variedades dulces se sirven generalmente hervidas, y las fritas ***sustituyen*** *a las patatas en muchos platos.*

1 Se **pelan** las yucas, se cortan en **trozos** no muy grandes y se cocinan en agua **hirviendo** con una **pizca** de sal hasta que **se ablanden**. La yuca es muy parecida a la patata, así que para comprobar si ya está blanda, **pinche** los trozos con un tenedor, si entra y sale con facilidad es que está lista.

2 Al sacarlas del agua y antes de que se **enfríen**, se quita la **hebra** del centro y se **muele** hasta hacerla puré.

3 Se añade el huevo **batido** y la cucharadita de canela y se **amasa** con la harina hasta formar una mezcla compacta.

4 Se corta la masa en trozos pequeños y se forman pequeñas bolas individuales.

5 Se calienta el aceite en una sartén y se fríen las bolas a fuego fuerte hasta que queden doradas. A continuación, retire los buñuelos del fuego y déjelos reposar sobre una servilleta de papel unos minutos.

6 Mientras tanto, se prepara un **almíbar** con azúcar y agua donde se bañarán los buñuelos. Para ello, vierta en un **cazo** 100 ml de agua y 200 gr de azúcar y caliéntelo a fuego lento sin dejar de remover hasta que el almíbar **espese**. Si lo desea, puede añadir una pizca de canela o un trozo de **corteza de limón**, para darle más sabor. Antes de servir los buñuelos, déjelos enfriar.

ablandar	weich werden	**espesar**	eindicken
almíbar *m*	Sirup	**hebra** *f*	Faser
amasar	kneten	**hervir** *irr*	kochen
batido	geschlagen	**moler** *irr*	zerdrücken
canela *f*	Zimt	**pelar**	schälen
cazo *m*	Stieltopf	**pinchar**	stechen
cilíndrico	zylindrisch	**pizca** *f*	Prise
corteza *f* **de limón**	Zitronenschale	**sustituir** *irr*	ersetzen
crudo	roh	**trozo** *m*	Stück
enfriar	abkühlen	**yuca** *f*	Maniok

Ejercicio 1:

Ordenar. Bringen Sie de Buchstaben in die richtige Reihenfolge und enträtseln Sie die die Verben, die zur Verarbeitung des Manioks gehören!

1. rpael _ _ _ ☐ _
2. rviehr _ _ _ ☐ _ _
3. eífrr _ _ _ ☐ _
4. darro ☐ _ _ _ _
5. sramaa _ _ ☐ _ _ _

Lösung: n ☐ ☐ ☐ ☐ ☐ d

¿SABÍA QUE...

...la yuca frita es una buena sustituta de las patatas? El sabor de ambas es muy parecido. En Colombia y en Venezuela, así como en otros países de Latinoamérica, se consume a menudo en lugar de las tradicionales patatas fritas.

Ejercicio 2:

Imperativo. Ergänzen Sie die Verben in der 3. Person Singular Imperativ (Höflichkeitsform)!

1. Lavar .... las yucas
   y cortar .... las piezas en trozos.
2. Sacar .... las yucas del agua
   y quitar .... la hebra del dentro.
3. Añadir .... el huevo batido y la canela,
   y amasar .... la mezcla.
4. Cortar .... la masa en trozos pequeños
   y formar .... tiras cilíndricas.
5. Preparar .... un almíbar
   y bañar .... los buñuelos en él.

Ejercicio 3:

Comprensión. Unterstreichen Sie die richtige Variante!

1. Se pelan las yucas y se ponen en una olla con agua hirviendo hasta que se calienten / ablanden .
2. Al sacarla del agua, quite la hebra / el hueso y se corta / se tritura .
3. Se añade sal / huevo batido y se amasa con la harina.
4. Se puede cortar la masa para darles forma de número siete / ocho .
5. Los buñuelos se fríen / se hornean y se bañan en azúcar / almíbar .

Ejercicio 4:

Sílabas. Füllen Sie die Lücken, indem Sie aus den Silben passende Wörter bilden! Die übrigen Silben ergeben das Lösungswort.

en a ar mer ne hor fri cu ar sar char pin ma ba co

1. Antes de servir los buñuelos, hay que dejarlos ....
2. En mi familia nos gusta mucho .... buñuelos de yuca en Navidad.
3. No se debe .... estos dulces, sino freírlos.
4. Para comprobar si la yuca está blanda, se tiene que .... con un tenedor.
5. Después, junto con el huevo, la canela y la harina, llega el momento de ....

Lösung: ☐ ☐ ☐ ☐

¿SABÍA QUE...

...las distintas variedades de la yuca contienen ciertos elementos tóxicos que, en grandes cantidades, pueden llegar a ser peligrosos e incluso mortales. Este veneno desaparece con el calor, por lo que no se debe comer nunca ***cruda****.*

Pastel de tres leches

Der *Pastel de tres leches* ist ein kalorienreicher, aber sehr berühmter Kuchen aus Lateinamerika. Ob sein Ursprung in Nicaragua oder vielleicht doch in Mexiko liegt, ist bis heute ungewiss. Mit großer Wahrscheinlichkeit aber war er das Aushängeschild einer Firma, die ihre Kodensmilch-Produkte bewarb.

Preparación: 60 minutos **Tiempo en el horno:** 25 minutos
Reposo del bizocho: 4 horas **Para 6-8 personas**

Ingredientes:

- 250 gr de harina
- 6 huevos
- 100 gr de mantequilla
- 1 cucharadita de levadura en polvo
- 200 gr de azúcar
- 2 cucharaditas de extracto de vainilla
- 375 ml de leche condensada
- 500 ml de nata líquida para montar
- 125 ml de leche evaporada
- azúcar glas

¿Sabía que...

...la expresión "estar de mala leche" significa que alguien está de mal humor o muy enfadado?

1 Se prepara un molde redondo de horno y se coloca por encima un papel vegetal.

2 Con un batidor de varillas, se baten las claras de los huevos a punto de nieve. Sin dejar de batir, se añaden el azúcar, la mantequilla, una cucharadita de extracto de vainilla y las yemas de una en una. Añadimos después la harina.

3 Pasamos la mezcla al molde y lo introducimos en el horno precalentado a 175° durante 25 minutos o hasta que al pincharlo con un palillo éste salga limpio. Mientras se hornea el bizcocho, se mezclan en un bol las tres leches: la leche condensada, 150 ml de nata líquida y la leche evaporada.

4 Después de sacar el bizcocho del horno y de dejarlo enfriar, se pincha toda la superficie con un palillo para hacer agujeros por los que se verterá la mezcla de las leches.

5 Sin desmoldar el bizcocho, se empapa con la mezcla de las tres leches. Se puede ayudar con una cuchara o un pincel. Una vez que el bizcocho esté completamente calado, se tapa con un papel transparente y se introduce en el frigorífico durante 4 horas.

6 Después de enfriar, se desmolda el pastel con cuidado y se monta la nata líquida restante con el azúcar glas y otra cucharadita de extracto de vainilla y se cubre la tarta.

agujero *m*	Loch
azúcar *m* **glas**	Puderzucker
batidor *m* **de varillas**	Schneebesen
batir	schlagen
bol *m*	Gefäß
calado	getränkt, durchnässt
clara *f* **a punto de nieve**	Eischnee
clara *f* **de huevo**	Eiweiß
hornear	backen
desmoldar	aus der Form lösen
empapar	tränken, anfeuchten
leche *f* **condensada**	Kondensmilch
leche *f* **evaporada**	Kondensmilch (ohne Zucker)
levadura *f* **en polvo**	Backpulver
molde *m*	Backform
montar	steif schlagen
nata *f* **para montar**	Schlagsahne
palillo *m*	Holzstäbchen
papel *m* **vegetal**	Backpapier
pinchar	(ein)stechen
verter *irr*	hineingießen
yema *f*	Eigelb

Ejercicio 1:

Tipos de leche. Übersetzen Sie die verschiedenen Milchsorten und finden Sie das Lösungswort!

1. ungesüßte Kondensmilch: leche _ v _ ☐ _ _ _ _ _ _

2. fettarme Milch: leche d _ _ n ☐ _ _ _ _ _

3. Kondensmilch: leche c _ _ _ _ _ _ ☐ _ _ _

4. Vollmilch: leche _ _ ☐ _ r _

5. Halbfettmilch: leche s _ _ _ d ☐ _ n _ _ _ _ _ _

6. Kokosmilch: ☐eche de _ _ _ _

Lösung: ☐ ☐ ☐ ☐ ☐ ☐

Ejercicio 2:

Adjetivos. Leiten Sie das jeweils passende Adjektiv ab!

1. sal ....

2. calentar ....

3. enfriar ....

4. dorar ....

5. picar ....

¿SABÍA QUE...

...el pastel de tres leches tiene muchas variantes? Especialmente dependiendo del país en el que se haga. El bizcocho se puede bañar también en licor como ron o brandy para hacer lo que se conoce como un "bizcocho borracho".

Especial para fiestas

Keine gute Feier ohne etwas Süßes! Das gilt nicht nur für Feste im familiären Kreis, sondern auch für traditionelle Feste, anlässlich derer gewisse Spezialitäten extra gebacken werden. In Spanien freut man sich besonders auf die Süßigkeiten zur *Semana Santa* und zu Weihnachten – auf den Geschmack von Mandeln, Zimt und Zucker oder das Aroma von Anis, Zitronen und Orangen. Genießen Sie die Feiertage mit einfachen, aber auch raffinierten Rezepten!

Roscón de Reyes

Der *Roscón de Reyes* wird traditionell am 6. Januar gegessen. Einen christlichen Hintergrund gibt es hierfür nicht, stattdessen waren es die Römer, die ihrerzeit die längeren Tage nach der Wintersonnenwende feierten. Damals wurde der Kuchen, in den eine Bohne eingebacken war, unter den Sklaven verteilt. Derjenige, der die Bohne fand, durfte sich für einen Tag ausruhen und sich wie ein „König" fühlen.

Preparación: 90 minutos   Tiempo en el horno: 20 minutos
Reposo de la masa: 4 horas   Para 1 roscón grande

Ingredientes:

- 650 gr de harina
- 250 ml de leche
- 30 gr de levadura fresca
- 120 gr de azúcar
- 120 gr de mantequilla
- 2 huevos
- 10 gr de sal
- 3 cucharadas de agua de azahar
- ralladura de un limón y una naranja

Para decorar:

- frutas escarchadas
- azúcar
- 1 huevo batido
- almendras laminadas
- una figura horneable y un haba seca
- nata para montar (opcional)

1 Se mezcla un poco de la leche con dos o tres cucharadas de harina, se añade la levadura y se remueve todo. Se tapa y se deja fermentar unos 20 minutos en un lugar cálido.

2 Pasados los 20 minutos, se derrite la mantequilla y se añade junto con el resto de la harina y los demás ingredientes. Se mezcla todo hasta que la masa sea homogénea y se amasa durante unos minutos. Ahora se introduce en un bol cubierto con un trapo húmedo y se deja reposar durante un par de horas.

3 Después de amasar la mezcla nuevamente, se le da forma redonda con un agujero en el centro. Se precalienta el horno a 50º durante unos minutos y se apaga. Se introduce después el roscón dentro y se deja durante una hora.

4 A continuación, se decora el roscón al gusto. Se pinta con un huevo y se colocan por encima frutas escarchadas, almendras laminadas, azúcar o lo que se quiera. Ahora sigue lo más importante: se esconden la figura y el haba en el interior de la masa.

5 Como último paso, se precalienta el horno a 180º y se introduce el roscón durante 20 minutos. Si lo desea, puede cortarlo horizontalmente por la mitad y rellenarlo de nata montada, chocolate o crema.

agua *f* de azahar	Orangenblütenwasser
agujero *m*	Loch
almendra *f* laminada	Mandelblättchen
amasar	kneten
batido	geschlagen
bol *m*	Gefäß
cubierto	bedeckt
derretirse	schmelzen
esconder	verstecken
fermentar	*hier*: gehen
figura *f* horneable	backfähige Figur
frutas *f pl* escarchadas	kandierte Früchte
haba *f*	Bohne
húmedo	feucht
levadura *f* fresca	Frischhefe
nata *f* para montar	Schlagsahne
ralladura *f* de limón	Zitronenabrieb
ralladura *f* de naranja	Orangenabrieb
rellenar	füllen
remover *irr*	umrühen
reposar	ruhen
roscón *m*	Kranz(kuchen)
solsticio *m* de invierno	Wintersonnenwende
tapar	bedecken
trapo *m*	Geschirrtuch

Ejercicio 1:

Artículos. Ergänzen Sie den bestimmten Artikel!

1. .... agua
2. .... temperatura
3. .... limón
4. .... azúcar
5. .... sorpresa
6. .... haba
7. .... leche
8. .... sal

¿Sabía que...

...fueron los franceses quienes expandieron esta costumbre a toda Europa? Para ellos, el haba daba buena suerte. En España, en cambio, es al revés. Si encuentras la figura escondida serás el rey, si encuentras el haba, tendrás que pagar el roscón.

Ejercicio 2:

Ordenar. Bringen Sie das Rezept in die richtige Reihenfolge!

a) Introduzca la masa en un recipiente y déjela fermentar un par de horas.
b) Decore el roscón a su gusto.
c) Mezcle un poco de leche con un par de cucharadas de harina.
d) Hornee el roscón en el horno unos 20 minutos.
e) Dé forma al roscón y déjelo en un lugar cálido durante una hora.
f) Si lo prefiere, corte el pastel horizontalmente por la mitad y rellénelo con nata o chocolate.

1	2	3	4	5	6

Ejercicio 3:

Sopa de letras. In diesem Gitterrätsel sind sechs Zutaten für den Königskuchen versteckt! Welche sind es?

E	Z	P	J	O	C	A	M	T	I	L	S
H	A	R	I	N	A	F	S	E	R	B	O
U	C	E	R	N	L	U	K	Ñ	Q	A	F
E	G	U	I	D	M	E	Q	X	B	Y	I
V	U	J	H	L	E	C	H	E	S	C	Z
O	S	T	Y	H	N	P	B	V	W	S	A
T	I	L	W	C	D	A	R	T	V	U	J
Z	X	C	E	F	R	U	T	A	V	R	E
H	T	F	O	E	A	Z	U	C	A	R	Q
A	R	I	Q	U	M	Y	S	E	Ñ	I	F

Ejercicio 4:

Imperfecto. Ergänzen Sie die Verbformen im Imperfekt!

1. Los romanos celebrar .... la Fiesta del Esclavo a finales de diciembre.
2. Al esclavo que encontrar .... el haba se le permitir .... descansar todo el día.
3. La Fiesta del Esclavo concidir .... con el final del solsticio de invierno.
4. Los franceses también disfrutar .... de esta tradición. Ellos mantener .... el haba como la sorpresa que te convertía en rey por un día.

Torrijas

Die *Torrijas* stehen in einer ganz besonderen Beziehung zu Madrid. Zu Beginn des 20. Jahrhunderts waren sie die einzige Süßspeise, die man in den Kneipen bestellen konnte, einfach weil es immer ein Gläschen lieblichen Rotwein dazu gab. Charmant, dass heutzutage einige Gastwirte diese Tradition noch hochhalten.

Preparación: 40 minutos **Cocción:** 5 minutos **Para 20 unidades**

Ingredientes:

- 1 barra de pan blanco del día anterior
- 750 ml de leche
- 4 huevos
- 1 rama de canela
- corteza de ½ limón
- 300 gr de azúcar
- 1 cucharadita de canela
- 500 ml de aceite de oliva

¿Sabía que...

...este postre era antiguamente una forma sencilla y barata de saciar el hambre? Debido a sus ingredientes, las torrijas se asocian normalmente a la Semana Santa, a pesar de que en la Edad Media se utilizaban como remedio para la recuperación de las parturientas.

1 Caliente en un cazo la leche con la corteza de limón y la rama de canela sin que la leche llegue a hervir. Después déjela enfriar unos cinco minutos. La leche debe estar fría o templada antes de empapar el pan en ella.

2 Vierta la leche en un recipiente y, en otro, bata los huevos. Coloque una sartén a fuego medio con el aceite y caliéntelo. Corte la barra de pan en rebanadas de más o menos 2 cm.

3 Cuando el aceite esté bien caliente, bañe las rebanadas en la leche hasta que se ablanden y después páselas por los huevos batidos antes de echarlas a la sartén. Es conveniente que lo haga poco a poco, según las torrijas que quepan en la sartén.

4 Fría las torrijas por ambos lados. Cuando estén doradas, sáquelas y déjelas escurrir y enfriar sobre una servilleta de papel.

5 Eche el azúcar y la canela en polvo en un plato y reboce las torrijas hasta que toda la superficie quede impregnada de azúcar. Puede servir el postre templado o frío e incluso para el desayuno del día siguiente.

ablandar	auf-/einweichen	parturienta *f*	Gebärende
barra *f* de pan blanco	Stangenweißbrot	rama *f* de canela	Zimtstange
batir	schlagen	rebanada *f*	Scheibe
caber *irr*	hineinpassen	rebozar	wälzen
cazo *m*	Stieltopf	recipiente *m*	Gefäß
corteza *f* de limón	Zitronenschale	recuperación *f*	Erholung
dorado	goldbraun	remedio *m*	(Heil-)Mittel
empapar	eintauchen	saciar	sättigen
escurrir	abtropfen	templado	lauwarm
hervir *irr*	kochen	verter *irr*	gießen
impregnado	ummantelt		

Ejercicio 1:

Vocabulario. Bringen Sie die Buchstaben in die richtige Reihenfolge!

1. l c e n a a ....
2. n p a r d u o ....
3. l h e c e ....
4. r a z c ú a ....
5. m l ó n i ....
6. e i e c a t ....
7. s h u v e o ....

Ejercicio 2:

"Se" impersonal. Schreiben Sie die Sätze in der 3. Person! Die Objekte zeigen Ihnen an, ob das Verb im Singular oder Plural stehen muss.

Beispiel: Mezclar los ingredientes.

Se mezclan los ingredientes.

1. Calentar la leche, la corteza de limón y la canela en un cazo.

   ....

2. Verter la leche en un recipiente, batir los huevos y cortar el pan.

   ....

3. Bañar las rebanadas en leche y huevo, y freír en la sartén.

   ....

4. Rebozar las torrijas en azúcar y canela, y servir.

   ....

Ejercicio 3:

Tildes. Setzen Sie die fehlenden Akzente!

1. Caliente la leche, la canela y la corteza de limon en un cazo.
2. Corte el pan en rebanadas y frialas en la sarten despues de pasarlas por leche y huevo.
3. Ponga el azucar en un recipiente y reboce las torrijas.
4. Coloque una sarten a fuego medio con aceite y calientelo.
5. Fria las torrijas por ambos lados.
6. Cuando esten doradas, saquelas y dejelas escurrir.
7. Deje enfriar las torrijas y sirvalas.

Ejercicio 4:

Comprensión. Bringen Sie das Rezept in die richtige Reihenfolge!

a) Verter la leche en un recipiente y batir los huevos. Calentar aceite a fuego medio y cortar el pan en rebanadas.

b) Freír las torrijas por ambos lados y dejar escurrir sobre una servilleta de papel.

c) Calentar en un cazo la leche con la corteza de limón y la rama de canela.

d) Echar el azúcar y la canela en polvo en otro recipiente o en un plato y rebozar las torrijas.

e) Bañar las rebanadas en la leche y pasarlas por huevo.

1	2	3	4	5

Pestiños

Traditionell kommen die *Pestiños* aus dem Süden Spaniens und sind ein beliebter Nachtisch zu Weihnachten und Ostern. Als ein Erbe der muslimischen Küche ähneln sie dem marokkanischen Honiggebäck *Chebakia*, das über Ramadan gegessen wird.

Preparación: 50 minutos **Cocción:** 10 minutos
Reposo de la masa: 30 minutos **Para 30 unidades**

Ingredientes:

- 250 gr de harina
- 75 ml de vino blanco
- 400 ml de aceite para freír
- corteza de un limón
- 1 cucharada sopera de semillas de anís
- sal
- 200 gr de miel

1 Se coloca una sartén en el fuego con el aceite. Cuando esté bien caliente se añaden la corteza de limón y las semillas de anís. Se calientan durante 2 o 3 minutos y se retira la sartén del fuego. Se deja enfriar.

2 Se prepara un bol con la harina, el vino y 75 ml del aceite de la sartén. Se agregan también las semillas fritas con la corteza de limón y se añade una pizca de sal. Se remueve con una cuchara y se amasa bien hasta que quede una masa compacta. Se tapa con un trapo de cocina y se deja reposar 30 minutos.

3 Pasado el tiempo, se estira la masa con un rodillo para que quede muy fina y se cortan cuadrados de 5 x 5 cm. Después se unen dos de las esquinas opuestas y se pegan con un poco de agua. La forma debe ser un cilindro pequeño.

4 Se calienta la sartén con aceite a fuego lento y se introducen los pestiños uno a uno para freírlos. Es importante controlar la temperatura del aceite; si no está muy caliente, los pestiños no quedarán crujientes, pero si está demasiado caliente, los dulces se quedarán crudos por dentro.

Una vez fritos, se sacan de la sartén y se colocan sobre una servilleta de papel de cocina para que absorba el aceite sobrante. Para terminar, se calienta la miel con 50 ml de agua en un cazo y se bañan los pestiños en esta mezcla. Se debe dejar escurrir la miel y secar antes de servirlos.

¿SABÍA QUE...

...“semillas de matalahúva” es otra forma de hablar de “anís” o “anís verde”? Se pueden utilizar indistintamente ambas palabras, ya que no hay ninguna diferencia entre ellas.

absorber	aufsaugen
agregar	hinzufügen
amasar	kneten
ayuno *m*	Fasten
bol *m*	Rührschüssel
cazo *m*	Stieltopf
corteza *f* de limón	Zitronenschale
crudo	roh
crujiente	knusprig
Cuaresma *f*	Fastenzeit
cucharada *f* sopera	Esslöffel
escurrir	abtropfen
esquina *f*	Ecke
estirar	ausrollen
masa *f*	Teig
miel *f*	Hönig
opuesto	gegenüberliegend
papel *m* de cocina	Küchenpapier
remover *irr*	umrühren
reposar	ruhen
retirar del fuego	vom Herd nehmen
rodillo *m*	Nudelholz
sartén *f*	Pfanne
semillas *f pl* de anís	Aniskörner
sobrante	überschüssig
superar	überstehen
trapo *m* de cocina	Geschirrtuch

Ejercicio 1:

Parejas. Ordnen Sie den Substantiven das jeweils passende Verb zu!

1. ☐ masa	a) remover
2. ☐ miel	b) amasar
3. ☐ aceite	c) reposar
4. ☐ cuchara	d) estirar
5. ☐ trapo	e) freír
6. ☐ rodillo	f) bañar

Ejercicio 2:

Imperativo negativo. Vervollständigen Sie die Sätze mit der richtigen Verbform!

1. No echar - tú .... más aceite.
2. No coger - tú .... ninguno, aún están calientes.
3. No comer - vosotros .... más, os va a sentar mal.
4. No hacer - usted .... eso, se puede quemar.
5. No batir - tú .... los huevos todavía.
6. No apagar - usted .... el fuego.

¿SABÍA QUE...

...los dulces de Semana Santa y sus ingredientes están relacionados con el ayuno? Antiguamente, durante la Cuaresma sólo se podía hacer una comida al día, pero estaban permitidas pequeñas porciones de alimentos hechos con leche, huevos, harina o miel. Esto estaba pensado principalmente para los trabajadores que necesitaban energía para superar el día laboral.

Ejercicio 3:

Comprensión. Welche Aussagen sind richtig, welche falsch? Kreuzen Sie an!

	verdadero	falso
1. Los pestiños son dulces típicos de carnaval.	❑	❑
2. Su origen se remonta a la cocina andalusí.	❑	❑
3. Es importante controlar la temperatura del aceite para que salgan en su punto.	❑	❑
4. Todos los dulces estaban permitidos durante la Cuaresma.	❑	❑
5. Las semillas de matalahúva son semillas de anís.	❑	❑
6. La masa de los pestiños debe ser gruesa.	❑	❑
7. Después de fritos, se deben dejar reposar sobre una servilleta para que absorba el aceite.	❑	❑

Ejercicio 4:

Futuro. Ergänzen Sie die Verbformen im Futur!

1. Si llueve mañana, nos quedar .... en casa.
2. Si encontramos semillas de matalahúva, hacer - nosotros .... pestiños.
3. Si hago el curso, aprender - yo .... a cocinar.
4. Si vienes, te ayudar - yo .... con la receta.
5. Si salen buenos, preparar - nosotros .... más.
6. Si tardan mucho, perderse - ellos .... la mejor parte.

Mantecados de almendra y canela

Mantecados sind neben *Polvorones* und *Turrón* eine typisch spanische Süßigkeit zur Weihnachtszeit. Das klassische weiche Schmalzgebäck kann mit Mandeln, Haselnüssen, Zitrone oder Schokolade variiert werden, der Hauptzutat allerdings verdankt sie ihren Namen.

Preparación: 70 minutos **Tiempo en el horno:** 60 minutos **Para 20 unidades**

Ingredientes:

- 250 gr de **manteca de cerdo** (250 gr de margarina vegetal para la variante vegetariana)
- 200 gr de azúcar
- 500 gr de harina
- 150 gr de **almendra** tostada y **molida**
- 1 cucharada de **canela en polvo**

¿Sabía que...

*...los polvorones son un tipo de mantecado? Se diferencian de ellos en que los polvorones siempre llevan almendras y azúcar glas y en que su forma es **ovalada** en vez de redonda.*

1 El primer paso debe ser precalentar el horno a 130° para tostar la harina. Para ello, **extienda** la harina en una **bandeja** e introdúzcala en el horno durante 45 o 50 minutos hasta que ésta **adquiera** un color canela. **Remueva** la harina cada 10 minutos.

2 A continuación, mezcle la harina tostada con la almendra molida en la misma bandeja y déjela enfriar.

3 Por otro lado, ponga en un **cazo** la manteca de cerdo y caliéntela a fuego lento hasta que **se derrita**. Después, **bátala** con fuerza con un **batidor de varillas**.

4 Cuando la manteca esté derretida y batida, **viértala** en un **bol** y añada el azúcar y la canela. No deje de remover en ningún momento y agregue poco a poco la mezcla de harina y almendra. Con el tiempo, la masa **espesará** y deberá dejar las varillas para **amasar** con las manos.

5 Cuando haya conseguido una masa homogénea, **colóquela** sobre una superficie plana y **alísela** con un **rodillo** hasta dejarla con un **grosor** de unos 2 cm. Ahora deberá **recortar** la masa para dar forma a los mantecados utilizando un **molde redondo** o un simple vaso o taza de café.

6 Coloque los mantecados en una bandeja de horno y caliéntelos a 170° durante 7 minutos. Si lo prefiere **espolvoree azúcar glas** sobre ellos después de dejarlos enfriar.

adquirir *irr*	bekommen
alisar	glätten
almendra *f*	Mandel
amasar	kneten
azúcar *m* glas	Puderzucker
bandeja *f* de horno	Backblech
batidor *m* de varillas	Schneebesen
batir	schlagen
bol *m*	Rührschüssel
canela *f* en polvo	Zimtpulver
cazo *m*	Stieltopf
colocar	legen
derretirse *irr*	schmelzen
espesar	eindicken
espolvorear	*hier*: streuen
extender *irr*	ausbreiten
grosor *m*	Dicke
manteca *f* de cerdo	Schweineschmalz
molde *m*	Backform
molido	gemahlen
ovalado	oval
recortar	*hier*: ausstechen
redondo	rund
remover *irr*	umrühren
rodillo *m*	Nudelholz
verter *irr*	gießen

Ejercicio 1:

Verbos. Ergänzen Sie das passende Verb!

recortar amasar espolvorear batir verter calentar

1. .... a fuego lento
2. .... con azúcar glas
3. .... en un cazo
4. .... hasta conseguir una masa uniforme
5. .... los huevos con fuerza
6. .... la masa para dar forma a los mantecados

Ejercicio 2:

Parejas. Bilden Sie sinnvolle zusammengesetzte Ausdrücke!

1. bandeja	navideño
2. azúcar	tostada
3. batidor	de oliva
4. almendra	de horno
5. margarina	glas
6. canela	de varillas
7. dulce	en polvo
8. aceite	vegetal

¡PRUÉBELO!

¿Quiere ser un auténtico español? Entonces debe practicar para conseguir lo que todos los españoles han hecho al menos una vez en Navidad. Coja un mantecado o polvorón e introdúzcaselo entero en la boca. En ese momento, y sin tragarlo, diga claramente: "Pamplona". Si lo consigue, puede probar también con "Treinta y tres", es la segunda variante de esta tradición tan navideña.

Platos sabrosos de horno

Bis jetzt haben Sie den Ofen ausschließlich für Kuchen, Torten und Kleingebäck gebraucht, doch gebacken werden können natürlich auch köstliche herzhafte Gerichte. Ob Blätterteig, Teigtaschen oder Brot – für die schier unendliche Menge an spanischen Rezepten braucht man nichts als einen Ofen und ein bisschen Geduld. Die folgenden deftigen Gerichte eignen sich bestens als Hauptspeisen oder kleine Mahlzeiten und runden in Kombination mit den süßen Gebäcken ein typisch spanisches Menü ab. *¡Qué rico!*

Empanada peruana

Empanadas zählen wohl zu den typischsten Gerichten in den spanischsprachigen Ländern; vor allem in Peru haben sie eine sehr lange Tradition. Dort isst man sie süß oder herzhaft, gebacken oder frittiert. Die beliebtesten *Empanadas* haben eine Hähnchen- oder Rindfleischfüllung, die bei jedem Bissen mit einem Spritzer Zitrone beträufelt wird.

Preparación: 90 minutos **Tiempo en el horno:** 25 minutos
Reposo de la masa: 2 o 3 horas **Para 12 unidades**

Ingredientes:

- 500 gr de harina
- 6 huevos (4 cocidos)
- 150 ml de leche
- 250 gr de mantequilla
- 500 gr de carne picada (pollo, ternera u otros)
- 1 cebolla
- 2 tomates
- 1 guindilla/ají
- 2 dientes de ajo
- aceitunas verdes o negras
- perejil
- aceite de oliva
- pimienta
- sal

1 Mezclar la harina tamizada con la sal y la mantequilla. Hacer un agujero en el centro de la mezcla y agregar la leche y la yema del huevo crudo. Mezclar todo con las manos y formar una bola. Envolver la masa en un papel transparente y dejar reposar en la nevera durante 2 o 3 horas.

2 Colocar mientras tanto una sartén con aceite en el fuego y rehogar la cebolla, los dientes de ajo y, seguidamente, los tomates, la sal, la pimienta y la guindilla, cortada en juliana.

3 Cuando esté hecho, añadir la carne con un poco de perejil y cocinar durante unos 5 minutos. Dejar enfriar el sofrito y añadir después los huevos duros y las aceitunas en trozos pequeños.

4 Sacar la masa de la nevera y estirar con ayuda de un rodillo hasta que tenga un grosor de unos 5 mm. Cortar círculos grandes de 8 cm de diámetro con un molde redondo.

5 Cuando el relleno esté frío, colocarlo en el centro de cada círculo. Cerrar la masa de las empanadas formando una media luna y sellar los bordes con la ayuda de un tenedor.

6 Pintar las empanadas con la yema de un huevo, ponerlas en una bandeja e introducir en el horno a 200° durante 25 minutos o hasta que se dore la masa.

agregar	hinzufügen
agujero *m*	Loch
borde *m*	Rand
carne *f* picada	Hackfleisch
cortar en juliana	in Streifen schneiden
crudo	roh
diente *m* de ajo	Knoblauchzehe
dorarse	goldbraun werden
envolver *irr*	einpacken
estirar	ausrollen
grosor *m*	Dicke
guindilla *f* /ají *m*	Peperoni
molde *m*	Ausstechform
perejil *m*	Petersilie
rehogar	anbraten
relleno *m*	Füllung
reposar	ruhen
rodillo *m*	Nudelholz
sartén *f*	Pfanne
sellar	verschließen
sofrito *m*	angebratenes Fleisch und Gemüse
tamizar	durchsieben
yema *f*	Eigelb

Ejercicio 1:

Muy o *mucho*. Vervollständigen Sie Sätze mit *muy* oder *mucho*/*mucha*/muchos/*muchas*!

1. El sofrito aún está .... caliente.
2. Hay .... carne.
3. Con esta harina, saldrán .... empanadas.
4. La comida está .... rica.
5. Ya ha pasado .... tiempo.
6. Esta receta es .... fácil.
7. El relleno está .... hecho.
8. He comprado .... harina.

¿Sabía que...

...la palabra "empanada" viene del verbo "empanar"; es decir, encerrar algo en masa o pan y hornearlo? Antiguamente era una forma fácil y rápida de mantener la calidad de los alimentos y de transportarlos al campo para trabajar. A raíz de las empanadas surgieron otros platos típicos como el calzone italiano, los cornish pasties británicos o los börek turcos.

Ejercicio 2:

Ser o *estar*. Unterstreichen Sie die richtige Variante!

1. Lo has cocido demasiado, el pan es / está duro.
2. Esta frutería es / está la mejor del barrio.
3. Llegas tarde, los canelones son / están fríos.
4. Hoy no quiero cocinar, soy / estoy cansado.
5. Tú eres / estás mejor cocinero que él.
6. ¡Qué rápidos sois / estáis ! Yo aún no he terminado.
7. Soy / Estoy enfermo, no tengo mucha hambre.
8. Las empanadas son / están muy típicas en Perú.

Ejercicio 3:

Crucigrama. Füllen Sie das Kreuzworträtsel mit Zutaten für *Empanadas*!

1. Pimiento muy picante.
2. Puede ser de pollo o de ternera y se usa también para las hamburguesas. (2 palabras)
3. Se come mucho en ensaladas, pero también en sofritos.
4. Se necesitan seis, pero cuatro cocidos.
5. Polvo blanco que se utiliza para cocinar.
6. Es negra, blanca o verde, molida o en grano.

Ejercicio 4:

Pretérito perfecto. Ergänzen Sie die Verbformen im Perfekt!

1. Hoy comer - yo .... muy tarde.
2. ¿ Hacer - tú .... lo que te decir - yo ....?
3. Poner - ellos .... la mesa.
4. Toma, te escribir - yo .... la receta que querías.
5. ¿ Amasar - vosotros .... ya la masa?

Arroz con costra

Arroz con costra ist eine typische Paella aus der Provinz Alicante, insbesondere aus der Stadt Elche, die immer an Feiertagen gegessen wird. Das Wort *costra* bedeutet „Kruste“ und bezieht sich auf die goldgelb gebackene Kruste aus Ei.

Preparación: 90 minutos **Tiempo en el horno:** 20 minutos **Para 4 personas**

Ingredientes:

- 500 gr de pollo
- 4 tomates
- 2 longanizas
- 500 gr de arroz
- 750 ml de agua
- 8 huevos
- aceite de oliva
- pimienta
- clavo
- azafrán
- sal

¿SABÍA QUE...

...tradicionalmente esta receta se hacía con fuego de leña y se colocaba la famosa “costrera” por encima? La costrera era una tapa metálica con la que se cubría el arroz y sobre la que se colocaban ascuas de leña para que cuajase el huevo.

1 Se trocea la carne y la longaniza y se deja preparada para sofreír. Después, se rallan los tomates. Para el caldo se echa el agua en una olla junto con sal al gusto y se pone al fuego hasta que hierva. Entretanto, se enciende el horno a 250° con las resistencias de arriba y abajo.

2 Se echa aceite de oliva en una sartén y se sofríe la carne troceada, la longaniza y los tomates rallados por separado. Cuando la carne y los tomates ya están sofritos, se echa la mezcla en la olla con el agua hirviendo y se deja hervir unos 20 minutos. La longaniza se aparta, no se cuece. Ahora se echa el arroz en la sartén y se sofríe con el mismo aceite con el que hemos sofrito la carne.

3 Pasados los 20 minutos de cocción del agua y la carne, se echa todo en el perol de barro junto con el arroz y se cubre con el agua de la cocción a fuego fuerte. Se añade azafrán, clavo y un poco de pimienta y sal. Mientras el agua se consume y el arroz adquiere la textura adecuada, se baten los huevos en un plato y se les echa una pizca de sal.

4 Cuando el arroz está listo, se esparcen los huevos batidos por encima y se colocan los trozos de longaniza y se mete el perol al horno precalentado. Cuando el huevo empieza a cuajar se apaga la resistencia de abajo y se deja únicamente la de arriba para que el huevo se infle. Después de unos 10 o 15 minutos se saca del horno y se sirve cortándolo como una tortilla de patatas.

al gusto	nach Belieben
adquirir *irr*	bekommen, erreichen
arroz *m*	*hier*: Rundkornreis
ascua *f* de leña	Holzkohle
azafrán *m*	Safran
batir	schlagen
caldo *m*	Brühe
clavo *m*	Nelke
cocer *irr*	kochen
consumir	*hier*: aufsaugen
cuajar	stocken
esparcir	*hier*: verteilen
hervir *irr*	kochen
resistencia *f* de arriba y abajo	Ober-/Unterhitze
inflarse	*hier*: hochbacken
leña *f*	Brennholz
longaniza *f*	Bratwurst (aus Hackfleisch)
olla *f*	Topf
perol *m* de barro	Schmortopf aus Ton
pizca *f*	Prise
rallar	reiben
sartén *f*	Pfanne
sofreír *irr*	anbraten
trocear	zerkleinern

Ejercicio 1:

Palabra escondida. Übersetzen Sie einige der Zutaten für *Arroz con costra* und enträtseln Sie das Lösungswort!

1.  □ _ _ _ _

2.  _ □ _ _ _

3.  _ _ _ _ _ □

4.  □ _ _ _ _ _ _

5.  _ _ _ _ □ _ _

6.  □ _ _ _ _

Lösung: □ □ □ □ □ □

Ejercicio 2:

Comprensión. Beantworten Sie die Fragen zum Text!

1. ¿Qué especia le da el color amarillo al arroz?

....

2. ¿Qué ingredientes se deben hervir con el agua?

....

3. ¿Cuánto tiempo se deja hervir el caldo en la olla?

....

4. ¿Cuál es la mejor forma de servir el arroz con costra?

....

Ejercicio 3:

Arroces. Ordnen Sie den vielen Varianten von Paella ihre Hauptzutat zu!

1. ☐ Arroz con costra
2. ☐ Arroz con pollo
3. ☐ Arroz con conejo
4. ☐ Paella de marisco
5. ☐ Paella de verduras
6. ☐ Arroz a banda/Caldero (pescado)

a) Fisch
b) Gemüse
c) Hühnchen
d) Meeresfrüchte
e) Kaninchen
f) Eier

Ejercicio 4:

Impersonal. Ergänzen Sie die Sätze mit der richtigen Verbform!

1. Se rallar .... los tomates y se trocear .... la carne.
2. Se echar .... el agua en una olla y se poner .... a hervir.
3. Se sofreír .... los ingredientes.
4. Se encender .... el horno y se calentar .... a 200º.
5. Se hervir .... el agua y la carne durante unos veinte minutos.
6. Se batir .... los huevos y se esparcir .... sobre el arroz.
7. Se meter .... el perol al horno.
8. Se cortar .... y se servir .... como una tortilla de patatas.

Bollo preñao

Der *Bollo preñao* ist eine populäre, ländliche Spezialität aus Spaniens Norden, Asturias und Cantabria. Ob auf Dorffesten oder zu einem Picknick: Am liebsten isst man das „schwangere Brötchen", wie der Name sagt, unter freiem Himmel zusammen mit einem Glas *Cidre*, dem regional typischen Apfelwein.

Preparación: 2 horas Tiempo en el horno: 20 minutos
Reposo de la masa: 1 hora Para 12 unidades

Ingredientes:

- 500 gr de harina
- 25 gr de levadura fresca
- 250 ml de agua
- 1 huevo
- 1 cucharada de sal
- 3 chorizos

¿SABÍA QUE...

...el bollo preñao también es una comida típica de Panamá? Es distinta a la que se hace en España. La receta panameña es de origen indígena y es una masa de maíz, yuca o plátano que se envuelve en una hoja de maíz y se cuece en agua hirviendo.

1 Disolver la levadura en el agua y mezclar en un bol con un huevo batido.

2 En otro recipiente, tamizar la harina y la sal y abrir un hueco en el centro para verter la mezcla del agua y el huevo batido. Después, remover bien hasta conseguir una masa homogénea.

3 Colocar la masa sobre una superficie plana y amasar durante 10 minutos. La masa debe quedar bastante elástica. Al terminar, se deja reposar en un lugar cálido durante al menos una hora y tapada con un paño.

4 Tras la fermentación, volver a amasar durante 5 o 10 minutos. Estirar después la masa con un rodillo y cortar en trozos pequeños. Es el momento de precalentar el horno, enciéndalo a 200º.

5 Colocar un trozo de chorizo en cada una de las piezas y envolverlo con la misma masa.

6 Introducir los bollos en el horno sobre una bandeja y hornear durante 15 o 20 minutos, hasta que el pan se dore. A continuación, retirar la bandeja del horno y dejar enfriar antes de comer.

amasar	kneten	hervir *irr*	kochen
batido	geschlagen	hornear	backen
bol *m*	Rührschüssel	hueco *m*	Loch
chorizo *m*	Paprikawurst	levadura *f* fresca	Frischhefe
cocer *irr*	kochen	paño *m*	Geschirrtuch
disolver *irr*	auflösen	recipiente *m*	Gefäß
dorarse	goldbraun werden	rodillo *m*	Nudelholz
envolver *irr*	umhüllen	tamizar	durchsieben
estirar	ausrollen	verter *irr*	hineingießen
fermentación *f*	Gärung		

Ejercicio 1:

Traducción. Übersetzen Sie die folgenden Wörter!

1. kochen ....
2. kneten ....
3. Paprikawurst ....
4. Teig ....
5. backen ....
6. Hefe ....
7. Spezialität ....
8. Nudelholz ....

Ejercicio 2:

Sinónimos. Ordnen Sie gleichbedeutende Wörter einander zu!

1. ☐ cocer	a) verter
2. ☐ poner	b) plano
3. ☐ echar	c) pastel
4. ☐ tarta	d) trapo
5. ☐ bol	e) reposar
6. ☐ fermentar	f) hervir
7. ☐ paño	g) colocar
8. ☐ liso	h) recipiente

¿Sabía que...

...una manera de mantener los alimentos antiguamente era haciéndolo en conservas con aceite de oliva? Por la misma razón, los chorizos se podían conservar en sidra. Tradicionalmente el bollo preñao se cocinaba con chorizos preparados en sidra, lo que añadía aún más sabor al resultado final.

Ejercicio 3:

Comprensión. Beantworten Sie die folgenden Fragen!

1. ¿Qué significa literalmente "bollo preñao"?

....

2. El bollo preñao de Panamá, ¿también se hace con chorizo?

....

3. ¿Qué no se debe hacer antes de que la masa fermente?

....

4. ¿Cuándo se consume preferiblemente esta comida?

....

Ejercicio 4:

Errores. Korrigieren Sie die Fehler in den folgenden Sätzen!

1. Disolva la levadura en la agua.

....

2. Se precalientan el horno por 200º.

....

3. Coloce un trozo de chorizo en cada pieca.

....

4. Introducir los chorizos en el horno sobre una bandexa.

....

5. El bollo preñao tambien es típico a Panama.

....

Hojaldre de dátiles y bacon

Datteln im Speckmantel zählen zu den beliebtesten Tapas in Spanien. In Blätterteig gebacken, werden sie zum idealen Snack auf Partys oder zum besonderen Hauptgang bei Veranstaltungen.

Preparación: 50 minutos **Tiempo en el horno:** 30 minutos **Para 6 personas**

Ingredientes:

- 200 gr de bacon
- 200 gr de dátiles
- 1 paquete de queso de untar
- 2 cebollas
- 1 huevo
- 2 láminas de hojaldre
- aceite de oliva
- azúcar (opcional)

¿SABÍA QUE...

...esta misma receta se puede preparar también con forma de rollo? Para ello, sólo necesitará una lámina de hojaldre en vez de dos y deberá enrollarla antes de introducirla en el horno. Para evitar que se abra, puede sujetarla con palillos.

1 Precalentar el horno a unos 200°. Mientras el horno se calienta, pele las cebollas y córtelas para caramelizarlas. Para esto, ponga aceite de oliva en una sartén y, cuando esté caliente, eche las cebollas picadas. Para caramelizar las cebollas es necesario que éstas se hagan a fuego muy lento. Este proceso puede durar más de 30 minutos, pero se puede acelerar la cocción añadiendo un poco de azúcar.

2 Coloque después la lámina de hojaldre en una bandeja de horno y extienda sobre ella una capa de queso de untar. Para evitar que el hojaldre se pegue, puede poner una hoja de papel vegetal.

3 Cubra el queso con una capa de lonchas de bacon. Y sobre éstas, otra capa con la cebolla caramelizada. Después, forme una tercera capa de dátiles encima. Si los dátiles tienen huesos, quíteselos antes de ponerlos.

4 A continuación, utilice la segunda lámina de hojaldre a modo de tapadera y colóquela sobre los dátiles. Para dar más sabor se puede extender también queso de untar en esta segunda lámina por el lado interior.

5 Selle los bordes con los dedos o con la ayuda de un tenedor y pinte la superficie del hojaldre con un huevo batido. Pinche la masa con un tenedor varias veces antes de introducirla en el horno a 200° durante unos 30 minutos. Cuando el hojaldre esté dorado, ¡el plato está listo para comer!

bandeja *f* de horno	Backblech
batido	geschlagen
capa *f*	Schicht
cubrir	bedecken
dorado	goldbraun
hueso *m*	*hier*: Kern
lámina *f* de hojaldre	Blätterteig
loncha *f*	Scheibe
palillo *m*	Zahnstocher
papel *m* vegetal	*hier*: Backpapier
pegarse	ankleben
pelar	schälen
picado	gehackt
pinchar	(ein)stechen
queso *m* de untar	Frischkäse
sartén *f*	Pfanne
sellar	verschließen
tapadera *f*	*hier*: Decke

Ejercicio 1:

Vocabulario. Bringen Sie die Buchstaben in die richtige Reihenfolge!

1. c o a b n ....
2. j d h o l r a e ....
3. l o e a c b l ....
4. n o r o h ....
5. l á t d i s e ....
6. e q o s u ....

Ejercicio 2:

Traducción. Übersetzen Sie die folgenden Verben!

1. karamellisieren ....
2. ausbreiten ....
3. vorhitzen ....
4. schälen ....
5. verschließen ....
6. hinzufügen ....

¿Sabía que...

...la palabra inglesa "bacon" se ha españolizado como "beicon", aunque muchos siguen utilizando la versión original? En español existe un concepto propio para esto y es "tocino de cerdo". Sin embargo, la palabra "tocino" se utiliza para tiras más gruesas y piezas grandes. El "bacon" está de alguna manera asociado a las tiras finas que añadimos a bocadillos o hamburguesas. Y, en este caso, a los dátiles.

Apéndice

Soluciones

Tarta de Santiago

Ejercicio 1: **1.** e **2.** a **3.** f **4.** c **5.** d **6.** b **7.** h **8.** g

Ejercicio 2: **1.** azúcar glas **2.** canela **3.** mantequilla **4.** cruz de Santiago

Ejercicio 3: **1.** Encenderlo para calentar. **2.** Rallarla y echarlos en un recipiente. **3.** Añadirlos y mezclar bien. **4.** Untarlo y verterla. **5.** Sacarla del horno y ponerlo para hacer la forma de la cruz.

Ejercicio 4: **1.** falso (Apenas existen almendros en Galicia.) **2.** verdadero **3.** falso (Antiguamente era un postre accesible únicamente a la nobleza.) **4.** falso (Se puede encontrar a lo largo de todo el Camino de Santiago. Es muy conocida también en el resto de España.)

Yemas de Santa Teresa

Ejercicio 1:

E	R	C	U	C	H	A	R	A	P	U
A	S	D	A	Z	U	C	A	R	I	Z
Z	B	N	O	E	E	J	I	P	L	A
H	M	B	R	L	V	Ñ	X	Z	E	B
C	I	C	A	Z	O	D	G	O	R	I
F	J	T	L	E	S	I	T	U	N	G
Q	Y	E	M	A	S	D	S	R	A	O
N	I	P	I	L	Y	T	F	G	I	X
A	H	M	B	O	L	T	E	N	Q	E
V	G	E	A	S	I	K	H	E	U	J
B	Y	S	R	J	Q	Z	O	P	C	T

Ejercicio 2: **1.** a **2.** e **3.** c **4.** g **5.** d **6.** b **7.** f

Ejercicio 3: **1.** Pon el agua y el azúcar en un cazo y déjalo hervir hasta conseguir un almíbar denso y espeso. **2.** Después bate las yemas de los huevos en un bol. **3.** Más adelante, viértelo todo en un cazo. **4.** Para finalizar, deja enfriar la mezcla y haz pequeñas bolitas individuales con ayuda del azúcar glas. **5.** Coloca cada una de ellas en una cápsula de papel.

Ejercicio 4: **1.** calentar **2.** blando **3.** salado/ácido **4.** separar **5.** congelar **6.** fluido

Paparajotes

Ejercicio 1: **1** falso (Se hacen con hojas de limonero.) **2.** verdadero **3.** verdadero **4.** falso (Se fríen en una sartén con aceite.) **5.** falso (Se deben comer recién hechos para que la masa esté crujiente.)

Ejercicio 2: **1.** aroma **2.** color **3.** limonero **4.** ralladura **5.** zumo **6.** hojas
Lösung: ácidos

Ejercicio 3: **1.** la manzana **2.** la pera **3.** la cereza **4.** la uva **5.** la ciruela **6.** el higo **7.** la naranja

Ejercicio 4: **1.** salado **2.** ácido **3.** dulce **4.** amargo **5.** picante

Brazo de gitano

Ejercicio 1: **1.** con **2.** de, para **3.** por **4.** en **5.** sobre, de **6.** con **7.** a **8.** en

Ejercicio 2: **1.** hay **2.** está **3.** está **4.** es **5.** hay **6.** es **7.** Está **8.** es

Ejercicio 3: **1.** la nata **2.** la canela **3.** el azúcar **4.** el chocolate **5.** la levadura **6.** los huevos

Ejercicio 4: **1.** falso (También es un dulce muy típico de Latinoamérica.) **2.** verdadero **3.** falso (El bizcocho se introduce a 170º y se hornea durante 10 a 12 minutos.) **4.** verdadero **5.** falso (Se espolvorea con azúcar glas.) **6.** falso (El nombre puede ser por lo alargado de su forma y el tono oscuro.)

Coca boba

Ejercicio 1: **1.** chocolate **2.** armario **3.** pimienta **4.** alcachofas **5.** encender **6.** batidora **7.** loco

Ejercicio 2: **1.** calentar **2.** oler **3.** batir **4.** pinchar **5.** cortar **6.** hornear **7.** verter **8.** remover
Lösung: Alicante

Ejercicio 3: **1.** b **2.** a **3.** b **4.** a

Ejercicio 4: **1.** Verter en la bandeja de horno y espolvorear azúcar y canela por arriba.
2. Para evitar que el bizcocho se pegue, untar la bandeja con mantequilla.
3. Para comprobar si la coca está hecha, se puede pinchar con un palillo.

Ensaimada

Ejercicio 1: **1.** vayamos **2.** esté **3.** doble **4.** compres **5.** hagas

Ejercicio 2: **1.** Calentamos el horno a 180º.
2. Espolvoreamos las ensaimadas con azúcar glas.
3. Dejamos que la levadura haga efecto durante 12 horas.
4. Echamos los huevos uno a uno a la masa.

Ejercicio 3: **1.** La masa debe reposar al menos 12 horas.
2. Se enrolla formando un cilindro y luego se da a cada ensaimada forma de caracol.
3. El horno debe estar a 180º.
4. Se suelen comer para desayunar o para merendar con un café o un chocolate caliente.

Ejercicio 4: **1-6:** huevos **6-9:** saïm **9-15:** manteca **15-20:** azúcar **20-25:** reposo **25-30:** origen **30-36:** natural

Piononos

Ejercicio 1: 1. c **2.** e **3.** f **4.** b **5.** a **6.** d

Ejercicio 2: 1. pondremos **2.** echaremos **3.** batiremos **4.** removeremos **5.** calentaremos **6.** cortaremos **7.** enrollaremos **8.** montaremos

Ejercicio 3:

1. C	A	Z	4. O						
U			L	5. P					
C			L	I					
H		2. B	A	N	D	E	J	A	
A				C					
R				E					
A			3. P	L	A	N	C	H	A

Ejercicio 4: 1. en **2.** a **3.** de, con **4.** en **5.** de, para

Churros

Ejercicio 1: 1. era, hacía **2.** quedé, apareció **3.** comíamos **4.** pagaste

Ejercicio 2: 1. cazo **2.** olla **3.** cuchara **4.** cuchillo **5.** sartén **6.** manga pastelera
Lösung: cocina

Alfajores de dulce de leche y coco

Ejercicio 1: 1. c **2.** g **3.** e **4.** b **5.** h **6.** a **7.** f **8.** d

Ejercicio 2: 1. cortar **2.** amasar **3.** calentar **4.** estirar **5.** preparar

Ejercicio 3: 1. llegaron **2.** llevaron **3.** fueron **4.** adquirieron, extendieron **5.** siguieron, pasó

Ejercicio 4: 1. los alfajores **2.** los cocos **3.** las almendras **4.** los limones **5.** las nueces **6.** los rodillos **7.** los orígenes **8.** las tradiciones

Pastelitos criollos

Ejercicio 1: 1. a **2.** b **3.** b **4.** a

Ejercicio 2: 1. Se mezcla la harina con mantequilla y un poco de sal.
2. Se estira la masa y se pliega tres veces.
3. Se deja reposar la mezcla 30 minutos en el frigorífico.
4. Se tapa el dulce con otro cuadrado de masa con las esquinas superpuestas.

Ejercicio 3: 1. zarzamora **2.** fresa **3.** frambuesa **4.** albaricoque **5.** cereza **6.** piña **7.** ciruela **8.** melocotón **9.** higo
Lösung: membrillo

Ejercicio 4: 1. d **2.** c **3.** a **4.** b

Buñuelos de yuca cubanos

Ejercicio 1: **1.** pelar **2.** hervir **3.** freír **4.** dorar **5.** amasar
Lösung: navidad
Ejercicio 2: **1.** Lave, corte **2.** Saque, quite **3.** Añada, amase **4.** Corte, forme **5.** Prepare, bañe
Ejercicio 3: **1.** ablanden **2.** la hebra, se tritura **3.** huevo batido **4.** ocho **5.** se fríen, almíbar
Ejercicio 4: **1.** enfriar **2.** comer **3.** hornear **4.** pinchar **5.** amasar
Lösung: Cuba

Pastel de tres leches

Ejercicio 1: **1.** leche evaporada **2.** leche desnatada **3.** leche condensada **4.** leche entera **5.** leche semidesnatada **6.** leche de coco
Lösung: pastel
Ejercicio 2: **1.** salado **2.** caliente **3.** frío **4.** dorado **5.** picante

Roscón de Reyes

Ejercicio 1: **1.** el **2.** la **3.** el **4.** el **5.** la **6.** el **7.** la **8.** la
Ejercicio 2: **1.** c **2.** a **3.** e **4.** d **5.** b **6.** f
Ejercicio 3:

E	Z	P	J	O	C	A	M	T	I	L	S
H	A	R	I	N	A	F	S	E	R	B	O
U	C	E	R	N	L	U	K	Ñ	Q	A	F
E	G	U	I	D	M	E	Q	X	B	Y	I
V	U	J	H	L	E	C	H	E	S	C	Z
O	S	T	Y	H	N	P	B	V	W	S	A
T	I	L	W	C	D	A	R	T	V	U	J
Z	X	C	E	F	R	U	T	A	V	R	E
H	T	F	O	E	A	Z	U	C	A	R	Q
A	R	I	Q	U	M	Y	S	E	Ñ	I	F

Ejercicio 4: **1.** celebraban **2.** encontraba, permitía **3.** coincidía **4.** disfrutaban, mantenían

Torrijas

Ejercicio 1: **1.** canela **2.** pan duro **3.** leche **4.** azúcar **5.** limón **6.** aceite **7.** huevos
Ejercicio 2: **1.** Se calientan la leche, la corteza de limón y la canela en un cazo.
2. Se vierte la leche en un recipiente, se baten los huevos y se corta el pan.
3. Se bañan las rebanadas en leche y huevo y se fríen en la sartén.
4. Se rebozan las torrijas en azúcar y canela y se sirven.
Ejercicio 3: **1.** Caliente la leche, la canela y la corteza de limón en un cazo.
2. Corte el pan en rebanadas y fríalas en la sartén después de pasarlas por leche y huevo.

3. Ponga el azúcar en un recipiente y reboce las torrijas.
4. Coloque una sartén a fuego medio con aceite y caliéntelo.
5. Fría las torrijas por ambos lados.
6. Cuando estén doradas, sáquelas y déjelas escurrir.
7. Deje enfriar las torrijas y sírvalas.

Ejercicio 4: 1. c **2.** a **3.** e **4.** b **5.** d

Pestiños

Ejercicio 1: 1. b **2.** f **3.** e **4.** a **5.** c **6.** d

Ejercicio 2: 1. eches **2.** cojas **3.** comáis **4.** haga **5.** batas **6.** apague

Ejercicio 3: 1. falso (Son dulces típicos de Semana Santa.) **2.** verdadero **3.** verdadero **4.** falso (Antiguamente durante la Cuaresma sólo se permitía comer alimentos hechos con leche, huevos, harina o miel.) **5.** verdadero **6.** falso (La masa debe ser muy fina.) **7.** verdadero

Ejercicio 4: 1. quedaremos **2.** haremos **3.** aprenderé **4.** ayudaré **5.** prepararemos **6.** se perderán

Mantecados de almendra y canela

Ejercicio 1: 1. calentar **2.** espolvorear **3.** verter **4.** amasar **5.** batir **6.** recortar

Ejercicio 2: 1. bandeja de horno **2.** azúcar glas **3.** batidor de varillas **4.** almendra tostada **5.** margarina vegetal **6.** canela en polvo **7.** dulce navideño **8.** aceite de oliva

Empanada peruana

Ejercicio 1: 1. muy **2.** mucha **3.** muchas **4.** muy **5.** mucho **6.** muy **7.** muy **8.** mucha

Ejercicio 2: 1. está **2.** es **3.** están **4.** estoy **5.** eres **6.** sois **7.** Estoy **8.** son

Ejercicio 3:

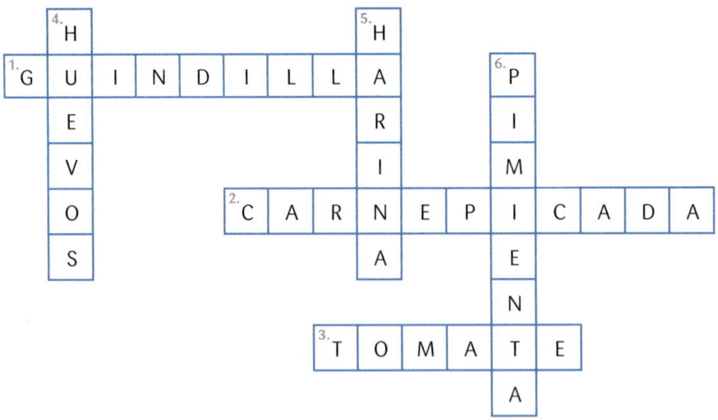

Ejercicio 4: 1. he comido **2.** Has hecho, he dicho **3.** Han puesto **4.** he escrito **5.** Habéis amasado

Arroz con costra

Ejercicio 1: **1.** clavo **2.** pollo **3.** huevos **4.** tomates **5.** azafrán **6.** arroz
Lösung: costra

Ejercicio 2: **1.** El azafrán da el color amarillo.
2. Con el agua deben hervir el tomate y la carne de pollo.
3. Se deja hervir unos 20 minutos.
4. Se sirve cortándolo como una tortilla de patatas.

Ejercicio 3: **1.** f **2.** c **3.** e **4.** d **5.** b **6.** a

Ejercicio 4: **1.** rallan, trocea **2.** echa, pone **3.** sofríen **4.** enciende, calienta **5.** hierven **6.** baten, esparcen **7.** mete **8.** corta, sirve

Bollo preñao

Ejercicio 1: **1.** hervir **2.** amasar **3.** chorizo **4.** masa **5.** hornear **6.** levadura **7.** especialidad **8.** rodillo

Ejercicio 2: **1.** f **2.** g **3.** a **4.** c **5.** h **6.** e **7.** d **8.** b

Ejercicio 3: **1.** Significa "bollo embarazado".
2. No, se hace con masa de maíz, yuca o plátano.
3. No se debe cortar la masa.
4. Se consume en las fiestas regionales y en el campo al aire libre.

Ejercicio 4: **1.** Disuelva la levadura en el agua.
2. Se precalienta el horno a 200º.
3. Coloque un trozo de chorizo en cada pieza.
4. Introducir los bollos en el horno sobre una bandeja.
5. El bollo preñao también es típico de Panamá.

Hojaldre de dátiles y bacon

Ejercicio 1: **1.** bacon **2.** hojaldre **3.** cebolla **4.** horno **5.** dátiles **6.** queso

Ejercicio 2: **1.** caramelizar **2.** extender **3.** precalentar **4.** pelar **5.** sellar **6.** añadir

Glosario

m = maskulin
f = feminin
irr = unregelmäßiges Verb
pl = Plural
Lat = lateinamerikanisches Spanisch

A

al gusto	nach Belieben
a lo largo	der Länge nach
ablandar	weich werden; auf-/einweichen
absorber	aufsaugen
abundante	reichlich
aceitoso	ölig
ácido	sauer
adquirir *irr*	bekommen, erreichen
agregar	hinzufügen
agua *f* **de azahar**	Orangenblütenwasser
aji *m Lat*	Peperoni
alargado	länglich
alisar	glätten
almendra *f*	Mandel
almendra *f* **molida**	gemahlene Mandeln
almendra *f* **laminada**	Mandelblättchen
almendro *m*	Mandelbaum
almíbar *m*	Sirup
amargo	bitter
amasar	kneten
añadir	hinzufügen
apenas	kaum
armado	zusammengefügt
arroz *m*	*hier*: Rundkornreis
ascua *f* **de leña**	Holzlohle
asemejarse	ähneln
ayuno *m*	Fasten
azafrán *m*	Safran
azúcar *m* **glas**	Puderzucker

B

bandeja *f* **de horno**	Backblech
barra *f* **de pan blanco**	Stangenweißbrot
batido	geschlagen
batidor *m* **de varillas**	Schneebesen
batir	schlagen
bizcocho *m*	Rührkuchen
bol *m*	Gefäß, Rührschüssel
boquilla *f* **de estrella**	Sterntülle
borde *m*	Rand
brazo *m* **de gitano**	Biskuitrolle
burbujear	sprudeln

C

caber *irr*	hineinpassen
calado	getränkt, durchnässt
caldo *m*	Brühe
canela *f* **(en polvo)**	Zimt(pulver)
capa *f*	Schicht, Lage
cápsula *f*	*hier*: Förmchen
caracol *m*	Schnecke
carne *f* **picada**	Hackfleisch
cazo *m*	Stieltopf
chorizo *m*	Paprikawurst
cilíndrico	zylindrisch
cilindro *m*	Rolle
clara *f* **a punto de nieve**	Eischnee
clara *f* **de huevo**	Eiweiß
clavo *m*	Nelke
cocer *irr*	kochen, backen
coco *m* **rallado**	Kokosraspeln
colador *m*	Sieb
colocar	legen
considerar	erwägen
consumir	*hier*: aufsaugen
corona *f*	Krone
cortar	*hier*: ausstechen

cortar en juliana	in Streifen schneiden
corteza *f* **de limón**	Zitronenschale
creencia *f*	Glaube
crudo	roh
crujiente	knusprig
cuajar	stocken; eindicken
Cuaresma *f*	Fastenzeit
cubierto	bedeckt
cubo *m*	Würfel
cubrir *irr*	bedecken
cucharada *f* **sopera**	Esslöffel
cuenco *m*	Schüssel

D

datar	stammen
denso	dick, zähflüssig
derretido	geschmolzen
derretirse *irr*	schmelzen
descendiente *m/f*	Nachkomme
desenrollar	ausrollen
desmoldar	aus der Form lösen
diente *m* **de ajo**	Knoblauchzehe
diluido	aufgelöst
disolver *irr*	auflösen
disuelto	aufgelöst
doblar en pliegues	falten, umklappen
dorado	goldbraun
dorar(se)	goldbraun werden
dulce *m* **de leche** *Lat*	Brotaufstrich aus Milchcreme
dulce *m* **de membrillo**	Quittenbrot

E

empapar	tränken, anfeuchten, eintauchen
enfriar	abkühlen
enrollar	einrollen, aufrollen
envolver *irr*	einpacken, umhüllen
esconder	verstecken
escurrir	abtropfen
esparcir	*hier*: verteilen
espesar	eindicken
espeso	dickflüssig
espolvorear	bestäuben; streuen
esquina *f*	Ecke
estirar	ausrollen
estrella *f*	Stern
estropear	beschädigen
extender	ausbreiten

F

fermentación *f*	Gärung
fermentar	*hier*: gehen
figura *f* **horneable**	backfähige Figur
forrar	auslegen
frutas *f pl* **escarchadas**	kandierte Früchte
frutos *m pl* **secos**	Trockenfrüchte

G

girasol *m*	Sonnenblume
grosor *m*	Dicke
grumo *m*	Klümpchen
guindilla *f*	Peperoni

H

haba *f*	Bohne
hacer *irr* **efecto**	wirken
hebra *f*	Faser; Faden
hilo *m*	Faden
hoja *f* **de limonero**	Zitronenblatt
hornear	backen
hueco *m*	Loch
huerta *f*	*hier*: Obstgarten
hueso *m*	*hier*: Kern
humedecer *irr*	befeuchten
húmedo	feucht

I

impregnado	ummantelt
impregnar	*hier*: durchziehen
incorporar	*hier*: unterheben
indigesto	unverdaulich
inflarse	*hier*: hochbacken

J

joya *f* Schmuckstück

L

lámina *f* **de hojaldre** Blätterteig
lazo *m* Schlaufe
leche *f* **condensada** Kondensmilch
leche *f* **evaporada** Kondensmilch (ohne Zucker)
leña *f* Brennholz
levadura *f* **en polvo** Backpulver
levadura *f* **fresca** Frischhefe
Levante *m* Comunidad Valenciana und Murcia
loncha *f* Scheibe
longaniza *f* Bratwurst (aus Hackfleisch)

M

maicena *f* Maismehl
manga *f* **pastelera** Spritzbeutel
manteca *f* **de cerdo** Schweineschmalz
masa *f* Teig
medida *f* Maßeinheit
merengue *m* Meringe
mezcla *f* Mischung
miel *m* Hönig
molde *m* Back-/Ausstechform
moler *irr* zerdrücken
molido gemahlen
montar steif schlagen; zusammenfügen
mover *irr* rühren

N

nata *f* **para montar** Schlagsahne
nobleza *f* Adel

O

olla *f* Topf
opuesto gegenüberliegend
ovalado oval

P

palillo *m* Holzstäbchen, Zahnstocher
paño *m* Geschirrtuch
papel *m* **de cocina** Küchenpapier, Küchentuch
papel *m* **vegetal** Backpapier
papilla *f* Brei
parturienta *f* Gebärende
pegarse anbrennen; ankleben, haften bleiben
pelar schälen
perejil *m* Petersilie
perol *m* **de barro** Schmortopf aus Ton
picado gehackt
pincel *m* Pinsel
pinchar (ein)stechen
pizca *f* Prise
plancha *f* Blech
punta *f* Spitze

Q

quemarse anbrennen
queso *m* **de untar** Frischkäse

R

rabo *m* Stängel
ralladura *f* **de limón** Zitronenabrieb
ralladura *f* **de naranja** Orangenabrieb
rallar reiben
rama *f* **de canela** Zimtstange
rebanada *f* Scheibe
rebozar wälzen
recién *hier*: frisch
recipiente *m* Gefäß
recortar *hier*: ausstechen
recuperación *f* Erholung
redondo rund
rehogar anbraten
rellenar füllen
relleno *m* Füllung
remedio *m* (Heil-)Mittel

remover *irr*	umrühren
reposar	ruhen
reposo *m*	Ruhe
resistencia *f* **de arriba y abajo**	Ober-/Unterhitze
restante	restlich
retirar	wegnehmen
retirar del fuego	vom Herd nehmen
rodillo *m*	Nudelholz
roscón *m*	Kranz(kuchen)
rozar	streifen, berühren

S

saciar	sättigen
sartén *f*	Pfanne
secar	trocknen
sellar	verschließen
semillas *f pl* **de anís**	Aniskörner
sobrante	überschüssig
sobre *m*	Päckchen
sofreír *irr*	anbraten
sofrito *m*	angebratenes Fleisch und Gemüse
sosticio *m* **de invierno**	Wintersonnenwende
superar	überstehen
superpuesto	übereinanderliegend
sustituir *irr*	ersetzen

T

tamizar	durchsieben
tapadera *f*	*hier*: Decke
tapar	bedecken
templado	lauwarm
textura *f*	Konsistenz
tira *f*	Streifen
trapo *m* **de cocina**	Geschirrtuch
trocear	zerkleinern, zerstückeln
trozo *m*	Stück

U

untar	bestreichen

V

verter *irr*	(hinein)gießen
volcar *irr*	stürzen

Y

yema *f*	Eigelb
yuca *f*	Maniok

Bildnachweis

123RF: nito500 5 (unten), 11
Fotolia: hansgeel 5 (oben), 7; lynea 36; nito 53 (oben), 55
Illustrationen: Horst Gebhardt, Doris Weigl 76
iStock: TeresaKasprzycka 5 (Mitte), 19; Weedezign 31 (Hintergund); mikafotostok 35; paladin13 43 (Hintergrund)
Privat: Gabriel Mas Mateu und Carmen María Reyes Yepes 15, 31, 69 (Mitte), 83
Shutterstock: Sergiy Vasyl`yev (Schneebesen); ziashusha 23; Viktoria Hodos 27; alexsvirid 37 (unten), 39; Ildi Papp 39 (oben), 47; Diana Taliun (Zucker) 39 (oben), 47; Analia Valeria Urani 43; Andrjuss 45; Mariontxa 53 (Mitte), 59; Pimponaco 63; HLPhoto 69 (oben), 71; Fernando Sanchez Cortes 69 (unten), 75; cjimeno 79; Maglara 79 (Hintergrund)
StockFood: Keller & Keller Photography 39 (Mitte), 59; Leser, Nicolas 53 (unten), 67

Sprachen lernen mit Genuss

Lernen mit Genuss? Kein Problem! Dieses Buch verbindet die besten spanischen Rezepte in der Landessprache mit abwechslungsreichen Sprachübungen. Die Anleitungen für Gazpacho, Paella, Tortilla, Churros u. v. m. zeigen die ganze Vielfalt der spanischen Küche und helfen ganz nebenbei, die Spanischkenntnisse zu festigen. Ideal zum Ausprobieren und Nachkochen.

96 Seiten, vierfarbig, Broschur
ISBN 978-3-8174-9217-6
12,99 € (D), 13,40 € (A)

compact